黃登山・黃炳秀編註

古文分類選註

文史哲出版社印行

國家圖書館出版品預行編目資料

古文分類選註 / 黃登山 ,黃炳秀編註--初版. --臺北市: 文史哲, 民 90
面 : 公分
ISBN 957-549-383-4

1.

830 90014582

古文分類選註

編註者：黃登山 黃炳秀
出版者：文史哲出版社
文字繪畫：葉紘宙
登記證字號：行政院新聞局版臺業字五三三七號
發行人：彭正雄
發行所：文史哲出版社
印刷者：文史哲出版社
臺北市羅斯福路一段七十二巷四號
郵政劃撥帳號：一六一八〇一七五
電話 886-2-23511028・傳真 886-2-23965656

實價新台幣三〇〇元

中華民國九十年九月初版

ISBN 957-549-383-4

古文分類選註

黃登山
黃炳秀 編註

編輯例言

一、本書編輯目標，係就古聖先賢之著述中，取其足以激發民族精神，培養人性情操，並易於啓發研讀興趣，提高閱讀及寫作能力之代表作品選輯之。

二、本書所選，以歷代散文爲主，按姚姬傳古文辭類纂十三類依次編列，每類並分述其源流。

三、各篇原文之段落及標點，依其思想、結構釐定之。

四、每篇之後，均備列註釋，解說其生字、難詞之本義、借義、引申義及音讀、詞性。至其成語、典故之出處，與人名、地名、年號，亦詳加說明。

五、本書之編輯，因時間倉卒，疏漏之處，或恐難免，尚祈博雅君子惠予指正，俾便再版時修改，則無任感幸。

古文分類選註　目次

五、贈序類……八五

六、詔令類……一〇五

七、傳狀類……一一三

八、碑誌類……一三三

九、雜記類……一五九

一、論辨類

姚姬傳《古文辭類纂・序目》曰：「論辨類者，蓋原於古之諸子，各以所學，著書詔後世。孔、孟之道與文至矣！自老莊以降，道有是非，文有工拙，今悉以子家不錄，錄自賈生始：蓋退之著論，取於《六經》、《孟子》；子厚取於韓非、賈生；明允雜以蘇、張之流；子瞻兼及於《莊子》。學之至善者，神合焉；善而不至者，貌存焉。惜乎子厚之才，可以爲其至，而不及至者，年爲之也。」

按：論、說、辨、議、解、原等，皆屬論辨類。論乃發表自己主張，論貴能立，如賈誼〈過秦論〉。辨則辨正是非性質，辨貴能破，如柳宗元〈桐葉封弟辨〉。議本集議討論之作，有駁議、奏議之分，如韓愈〈改葬服議〉、〈復讎議〉，柳宗元〈駁復讎議〉。說以說明事理，如韓愈〈師說〉。解者用以解說，小戴《禮記》有〈經解篇〉，韓愈有〈獲麟解〉。與解相似者曰釋，《爾雅》各篇皆以釋名。原者推論本原之意，如韓愈五原（〈原道〉、〈原性〉、〈原毀〉、〈原人〉、〈原鬼〉。）

師說

韓愈

古之學者必有師。師者，所以傳道①、受業②、解惑③也。人非生而知之者，孰能無惑？惑而不從師，其爲惑也終不解矣。生乎吾前，其聞道也，固先乎吾，吾從而師之；生乎吾後，其聞道也，亦先乎吾，吾從而師之。吾師道也，夫庸④知其年之先後生於吾乎？是故無貴、無賤、無長、無少，道之所存，師之所存也。

嗟乎！師道⑤之不傳也久矣！欲人之無惑也難矣！古之聖人，其出人也遠矣，猶且從師而問焉；今之眾人，其下聖人也亦遠矣，而恥學於師；是故聖益聖，愚益愚，聖人之所以爲聖，愚人之所以爲愚，其皆出於此乎！

愛其子，擇師而教之，於其身也則恥師焉，惑矣！彼童子之師，授之書而習其句讀⑥者也，非吾所謂傳其道，解其惑者也。句讀之不知，惑之不解，或師焉，或不⑦焉，小學而大遺⑧，吾未見其明也。

巫⑨、醫、樂師⑩、百工⑪之人，不恥相師；士大夫之族，曰師、曰弟子云者，則群聚而笑之。問之，則曰：「彼與彼年相若也，道相似也。」位卑則足羞，官盛則近諛⑫。嗚呼！師道之不復可知矣。巫、醫、樂師、百工之人，君子不齒⑬，今其智乃反不能及，其可怪也歟！

聖人無常師⑭，孔子師郯子⑮、萇弘⑯、師襄、老聃⑱。郯子之徒，其賢不及孔子。孔子曰：「三人行，則必有我師⑲。」是故弟子不必不如師，師不必賢於弟子，聞道有先後，術業有專攻，如是而已。

李氏子蟠⑳，年十七，好古文㉑，六藝經傳㉒，皆通習之；不拘於時，請學於余，余嘉其能行古道，作〈師說〉以貽之。

〔註　釋〕

① **傳道**　道乃事物當然之理，修己治人之方。

② **受業**　受，通授，授與也。業，大版也。古時無紙，書於木板、竹簡者謂之業，猶今之書本，受業，意謂師以學業授與弟子。

③ **解惑**　指解道、業上之惑。

④ **夫庸**　夫音ㄈㄨˊ，發語詞，庸，豈也。

⑤ **師道**　意謂尊師重道、從師問學之道理。

⑥ **句讀**　文中語意完足可止者曰句，語意未完足而可稍停者曰讀。讀，音ㄉㄡˋ。古書多無標點，句讀必由師授。

⑦ **不**　不，同否，音ㄈㄡˇ。

⑧ **小學而大遺**　意謂學習其小者而遺漏其大者。小者指習其句讀，大者指解道、業之惑。

⑨ **巫**　爲人降福祈福消災者。

⑩ **樂師**　教人歌舞者。

⑪ **百工**　各種工匠。

⑫ **諛**　諛，音ㄩˊ，委曲奉承。

⑬ **不齒**　恥與爲伍之意。齒有排比、並列之意。

⑭ **聖人無常師**　聖人無所不學，所師者衆，故無固定之師。

⑮ **郯子**　郯，音ㄊㄢˊ，春秋國名。郯子，郯國之君，知少昊氏以鳥名官之故，以告魯昭公，孔子見而學焉，事見昭公十七年。

⑯ **萇弘**　周敬王時大夫，孔子嘗從之問樂。

⑰ **師襄**　魯之樂官，孔子嘗學鼓瑟於師襄子，事見《史記・孔子世家》。

⑱ **老聃**　即孔子，姓李，名耳，字伯陽，諡曰聃，楚人，仕周為守藏室之史。《孔子家語・觀周篇》：「孔子至周，問禮於聃，訪樂於萇弘。」

⑲ **三人行則必有我師焉**　《論語・述而篇》：「子曰：『三人行必有我師焉，擇其善者而從之，其不善者而改之。』」

⑳ **李氏子蟠**　李蟠，貞元十九年進士。蟠，ㄆㄢˊ。

㉑ **古文**　即韓愈所提倡之散文，以別於當時所流行之駢體文。

㉒ **六藝經傳**　六藝，即《易》、《書》、《詩》、《禮》、《樂》、《春秋》六經。傳，音ㄓㄨㄢˋ，解經之文為傳，如《左傳》、《公羊傳》、《穀梁傳》均為注解《春秋》者。

㉓ **不拘於時**　不為當時以從師為恥之習俗所拘束。

㉔ **貽**　贈送也。

朋黨論

歐陽修

臣聞朋黨①之說，自古有之，惟幸人君辨其君子小人而已。大凡君子與君子，以同道爲朋；小人與小人，以同利爲朋；此自然之理也。

然臣謂小人無朋，惟君子則有之。其故何哉？小人所好者利祿也，所貪者貨財也；當其同利之時，暫相黨引以爲朋者，僞也。及其見利而爭先，或利盡而交疏，則反相賊害，雖其兄弟親戚，不能相保。故臣謂小人無朋，其暫爲朋者，僞也。君子則不然。所守者道義，所行者忠信，所惜者名節②；以之修身則同道而相益，以之事國則同心而共濟，終始如一，此君子之朋也。故爲人君者，但當退小人之僞朋，用君子之眞朋，則天下治矣。

堯之時，小人共工驩兜等四人③爲一朋，君子八元④八愷⑤十六人爲一朋；舜佐堯，退四凶小人之朋，而進元愷君子之朋，堯之天下大治。及舜自爲天子，而皐夔稷契⑥等二十二人⑦，並立於朝，更相稱美，更相推讓，凡二十二人爲一朋；而舜皆用之，天下亦大治。《書》曰：「紂有臣億萬；惟億萬心；周有臣三千，惟一心。」紂之時，億萬人各異心，可謂不爲朋矣，然紂以亡國。周武王之臣三千人爲一大朋，而周用以興。後漢獻帝時，盡取天下名士囚禁之，目爲黨人；及黃巾賊起，漢室大亂，後方悔悟，盡解黨人而釋之，然已無救矣⑧。唐之晚年，漸起朋黨之論；及昭宗時，盡殺朝之名士，咸投之黃河，曰：「此輩清流，可投濁流。」而唐遂亡矣⑨。

夫前世之主，能使人人異心不爲朋，莫如紂；能禁絕善人爲朋，莫如漢獻帝；能誅戮清流之朋，莫如唐昭宗之世；然皆亂亡其國。更相稱美推讓而不自疑，莫如舜之二十二臣；舜亦不疑而皆用之。然而後世不誚⑩舜爲二十二人朋黨所欺，而稱舜爲聰明之聖者，以能辨君子與小人也。周武之世，舉其國之臣三千人共爲一朋，自古爲朋之多且大莫如周；然周用此以興者，善人雖多而不厭也。夫興亡治亂之迹，爲人君者可以鑒矣。

〔註　釋〕

①**朋黨**　泛指同類之人互相結合。後世專指政爭之團體而言。

②**名節**　名譽與節操也。《唐書・元結傳》：「勉樹節操」。

③**共工驩兜等四人**　共工、驩兜、三苗、鯀四人爲四凶。《書・舜典》：「流共工於幽州，放驩兜於崇山，竄三苗於三危，殛鯀於羽山。」

④**八元**　《左傳・文十八年》：「高辛氏有才子八人：伯奮、仲堪、叔獻、季仲、伯虎、仲熊、叔豹、季貍，忠肅恭懿，宣慈惠和，天下之民謂之八元。」元，善也，言其善於事也。

⑤**八愷**　《左傳・文十八年》：「昔高陽氏有才子八人：蒼舒、隤敳、檮戭、大臨、尨降、庭堅、仲容、叔達，齊聖廣淵，明允篤誠，天下之民謂之八愷。」愷，和也，言其和於物也。

⑥**皐夔稷契**　此皆舜之臣：皐，即皐陶，作士，掌司法；夔，樂官；稷即后稷，名棄，農官；契，作司徒，掌教育。契，音ㄒㄝ。

⑦**二十二人**　指四岳、九官、十二牧，共二十二人。四岳乃掌四方之事之官。十二牧乃十

二州每州諸侯之長。

⑧**後漢獻帝……然已無救矣**　此謂東漢末年黨錮之禍。漢獻帝，名協，靈帝中子。按大捕黨人乃靈帝建寧二年事，文作獻帝誤。

⑨**唐之晚年……而唐遂亡矣**　朋黨之論，此指唐穆宗長慶元和間，牛僧孺與李德裕之牛李黨爭。殺朝之名士，指昭宗死後之次年，朱全忠謀士李振，教全忠一夕屠殺朝官三十餘人，投屍於黃河事。昭宗，初名敏，更名曄，懿宗第七子，爲朱全忠所弒。

⑩**誚**　音ㄑㄠˋ，責備也。

縱囚論

歐陽修

信義行於君子，而刑戮施於小人。刑入於死者，乃罪大惡極，此又小人之尤甚者也。寧以義死，不苟幸生①，而視死如歸，此又君子之尤難者也。

方唐太宗②之六年，錄大辟囚③三百餘人，縱使還家，約其自歸以就死：是以君子之難能，期小人之尤者以必能也。其囚及期，而卒自歸，無後者：是君子之所難，而小人之所易也。此豈近於人情哉？

或曰：「罪大惡極，誠小人矣。及施恩德以臨④之，可使變而爲君子；蓋恩德入人⑤之深，而移人⑥之速，有如是者矣。」曰：「太宗之爲此，所以求此名也。然安知夫縱之去也，不意⑦其必來以冀免，所以縱之乎？又安知夫被縱而去也，不意其自歸而必獲免，所以復來乎？夫意其必來而縱之，是上賊⑧下之情也；意其必免而復來，是下賊上之心也。吾見上下交相賊，以成此名也，烏有所謂施恩德，與夫知信義者哉？不然，太宗施德於天下，於茲六年矣，不能使小人不爲極惡大罪；而一日之恩，能使視死如歸，而存信義；此又不通之論也。」

「然則，何爲而可？」曰：「縱而來歸，殺之無赦；而又縱之，而又來，則可知爲恩德之致爾。」然此必無之事也。若夫縱而來歸而赦之，可偶一爲之爾。若屢爲之，則殺人者皆不死，是可爲天下之常法乎？不可爲常者，其聖人之法乎？是以堯舜三王⑨之治，必本於人情；不立異以爲高，不逆情⑩以干譽⑪。

〔註　釋〕

① **不苟幸生**　不苟且僥倖偷生。苟，苟且。幸，僥倖。

② **唐太宗**　姓李名世民，隋末，助父李淵成帝業。繼位後，改元貞觀，海內承平，世稱「貞觀之治」。

③ **大辟囚**　判死刑之囚犯。大辟，死刑。

④ **臨**　本意爲居高視下，引申爲「加」之意。

⑤ **入人** 感化人，使去惡存善。

⑥ **移人** 使人之性行改變。

⑦ **意** 猜想、料想。

⑧ **賊** 以不正當之居心傷害對方。

⑨ **三王** 指夏、商、周三代開國之君禹、湯、文、武。

⑩ **逆情** 違背人情。

⑪ **干譽** 求取美好名譽。干，求取也。

六國論

蘇　洵

六國①破滅，非兵不利，戰不善，弊在賂秦。賂秦而力虧，破滅之道也。或曰：「六國互喪，率賂秦耶？」曰：「不賂者以賂者喪。蓋失彊援，不能獨完；故曰弊在賂秦也。」

秦以攻取之外，小則獲邑，大則得城，較秦之所得，與戰勝而得者，其實百倍。諸侯之所亡，與戰敗而亡者，其實亦百倍。則秦之所大欲，諸侯之所大患，固不在戰矣。思厥先祖父暴霜露，斬荊棘②以有尺寸之地；子孫視之不甚惜，舉以與人，如棄草芥③。今日割五城，明日割十城，然後得一夕安寢；起視四境，而秦兵又至矣，然則諸侯之地有限，暴秦之欲無厭④，奉之彌繁，侵之愈急，故不戰而強弱勝負已判矣！至於顛覆，理固宜然。古人云：「以地事秦，猶抱薪救火，薪不盡，火不滅⑤。」此言得之。

齊人未嘗賂秦，終繼五國遷滅，何哉？與嬴⑥而不助五國也。五國既喪，齊亦不免矣。燕、趙之君，始有遠略，能守其土，義不賂秦。是故燕雖小國而後亡，斯用兵之效也。至丹以荊卿爲計⑦，始速禍焉。趙嘗五戰於秦，二敗而三勝。後秦擊趙者再，李牧⑧連卻之。洎牧以讒誅，邯鄲爲郡，惜其用武而不終也。且燕、趙處秦革滅殆盡之際，可謂智力孤危，戰敗而亡，誠不得已。向使三國各愛其地；齊人勿附於秦；刺客不行；良將猶在，則勝負之數，存亡之理，當與秦相較，或未易量。

嗚呼！以賂秦之地，封天下之謀臣；以事秦之心，禮天下之奇才，并力西嚮，則吾恐秦人食之不得下咽⑨也。悲夫！有如此之勢，而爲秦人積威之所劫。日削月割，以趨於亡。爲國者無使爲積威⑩之所劫哉！

夫六國與秦皆諸侯，其勢弱於秦，而猶有可以不賂而勝之之勢；苟以天下之大，而從六國破亡之故事，是又在六國下矣。

〔註　釋〕

① **六國**　指戰國時的燕、趙、齊、楚、韓、魏六個國家。

②**暴霜露、斬荊棘**　比喻開創事業的艱難。暴霜露是暴露身體在霜露中。披荊棘是「披荊斬棘」的省略，荊棘是多刺的灌木，常長在荒蕪之地。棘，音ㄐㄧˊ。

③**如棄草芥**　比喻微小輕賤的東西。《方言》：「芥，草也。自關而西，或曰草，或曰芥。」

④**無厭**　不滿足。厭同饜，滿足也。饜音ㄧㄢˋ。

⑤**薪不盡，火不滅**　《史記・魏世家》：「蘇代謂魏王曰：『且夫以地事秦，譬猶抱薪救火也。薪不盡則火不止。』」

⑥**與嬴**　親附秦國。與，黨與，親附。嬴，秦國祖先被賜姓嬴氏，後稱秦嬴氏。

⑦**至丹以荊卿爲計**　燕太子丹用荊軻刺殺秦始皇的計謀。丹，燕太子丹。荊卿，荊軻，爲刺客。

⑧**李牧**　趙名將。

⑨**下咽**　吞下咽喉。

⑩**積威**　久積的威勢。

范蠡①

蘇軾

越既滅吳，范蠡以爲句踐②爲人，長頸烏喙，可與共患難，不可與共逸樂，乃以其私徒屬，浮海而行。至齊，以書遺③大夫種④曰：「蜚⑤鳥盡，良弓藏；狡兔死，走狗烹。」子可以去矣。

蘇子曰：「范蠡獨知相其君而已，以吾相蠡，蠡亦烏喙也。夫好貨，天下賤士也。以蠡之賢，豈聚斂積實者？何至耕於海濱，父子力作，以營千金，屢散而復積，此何爲者哉？豈非才有餘而道不足，故功成名遂身退⑥，而心終不能自放⑦者乎？使句踐有大度，能始終用蠡，蠡亦非清靜無爲⑧以老於越者也。吾故曰蠡亦烏喙也。」

魯仲連既退秦軍⑨，平原君⑩欲封魯連，以千金爲壽⑪。連笑曰：「所貴於天下士者，爲人排難解紛而無所取也。即⑫有取，是商賈之事，連不忍爲也。」遂去，終身不復見，逃隱於海上，曰：「吾與富貴而詘於人，寧貧賤而輕世肆志焉⑬。」使范蠡之去如魯連，則去聖人不遠矣！

嗚呼！春秋以來，用舍進退，未有如蠡之全者也，而不足於此，吾是以累歎而深悲焉！

〔註　釋〕

①**范蠡**　春秋楚人，字少伯。事越王句踐二十餘年，苦身戮力，卒以滅吳，尊為上將軍。蠡以句踐難與共安樂，乃辭去；變易姓名，歷齊至陶，操計然之術以治產，因成巨富，自號陶朱公。

②**句踐**　春秋越王，父允常，嘗與吳王闔閭相怨伐；允常死，句踐立，敗吳師。後為吳王夫差所敗，困於會稽，行成於吳。乃用文種、范蠡為相，臥薪嘗膽，矢志復仇；十年生聚，十年教訓，卒興兵滅吳。復渡淮會齊、晉諸侯，致貢於周；元王賜胙，命為伯，而句踐已南渡淮，僭稱王矣。

③**遺**　音ㄨㄟˋ，贈送也。

④**大夫種**　即文種，春秋楚之郢人，字會，越大夫。吳、越之戰，越敗，句踐使種行成於

吳。句踐既歸國，屬政於種；及滅吳，種謀爲多。功成，范蠡勸之去，不聽，卒被譖殺。

⑤ **蜚** 音ㄈㄟ，同飛。

⑥ **功成名遂身退** 《老子・第九章》：「功遂身退，天之道。」功遂，謂功業成就。身退，王眞曰：「身退者，非謂必使其避位而去也，但欲其功成而不有之耳。」

⑦ **自放** 放，意指放棄名利。

⑧ **清靜無爲** 《老子・第三十七章》：「不欲以靜，天下將自定。」意謂人苟不爲貪欲所激擾，方得清靜；清靜之人，乃無貪欲；人人無貪欲，社會始可安定。無爲，即不妄爲；不妄爲，即一切依照自然法則而爲；能依自然法則而爲，則無事不成功；此即《老子》所謂「無爲而無不爲。」

⑨ **魯仲連既退秦軍** 魯仲連，戰國齊人。好奇偉俶儻之畫策，而高蹈不仕。遊於趙、會秦圍趙急，魏使新垣衍入趙，請尊秦爲帝，以求罷兵，仲連義不許，見衍，曉以大義，秦將聞之，爲卻軍五十里；適魏無忌來救，秦引兵去，圍遂解。平原君欲以千金爲仲連壽，仲連笑曰：「所貴乎天下之士者，爲人排患釋難，解紛亂而無所取也；即有取者，商賈之事也。」遂辭平原君而去。

⑩ **平原君** 戰國趙武靈王子，惠文王弟，名勝，封於平原，故號平原君，相惠文王及孝成

王。

⑪ **壽** 以金帛贈人曰壽。《史記・聶政傳》：「嚴仲子奉黃金百鎰，前為聶政母壽。」

⑫ **即** 猶若也，訓見《經傳釋詞》，假設連詞。

⑬ **吾與富貴而詘於人寧貧賤而輕世肆志焉** 意謂吾與其得富貴而屈服於人，寧守貧賤，淡泊世上名利，順吾性而為焉。詘，音ㄑㄩ，屈服也。與……寧，一作與其……寧，比較連詞。

二、序跋類

姚姬傳《古文辭類纂・序目》曰：「序跋類者，昔前聖作易，孔子爲作〈繫辭〉、〈說卦〉、〈文言〉、〈序卦〉、〈雜卦〉之傳，以推論其本原，廣大其義。《詩》、《書》皆有序，而《儀禮》篇後有記：皆儒者所爲。其餘諸子，或自序其意，或弟子作之；《莊子・天下篇》、《荀子》末篇皆是也。余撰次古文辭，不載史傳，以不可勝錄也；惟載太史公、歐陽永叔表志序論數首，序之最工者也。向、歆奏校書各有序，世不盡傳，傳者或僞，今存子政〈戰國策序〉一篇著其概。其後目錄之序，子固獨優已。」

按：序者，爲說明他人已成之書，或自己已成之書之篇目次第、編次條例而作，故以序名。跋之本義爲足後，古書自序皆在書末，其後自序移書前，於是有所謂跋，有所謂後序，可謂序之變體。後世曰引、曰題、曰讀皆是也；引者，就全書引其端緒，猶今人所謂引言、導言、緒論之類；題者，書於卷端，如趙岐〈孟子題辭〉；讀者，讀畢此書此文，記其感想、考據或批評，如韓愈〈讀儀禮〉，柳宗元〈論語辨〉、亦屬讀之類。亦有稱書後，如王安石〈書李文公集後〉。其稱後序者，則與跋相同，如韓愈〈張中丞傳後敘〉。

秦楚之際月表①序

司馬遷

太史公讀秦楚之際，曰：「初作難，發於陳涉；虐戾滅秦，自項氏；撥亂誅暴，平定海內，卒踐帝祚②，成於漢家。五年之間，號令三嬗③，自生民以來，未始有受命若斯之亟④也！

昔虞夏之興，積善累功數十年，德洽百姓，攝行政事⑤，考之於天⑥，然後在位。湯武之王，乃由契后稷⑦，修仁行義十餘世，不期而會孟津⑧八百諸侯，猶以爲未可；其後乃放弒⑨。秦起襄公，章⑩於文繆⑪，獻孝之後，稍以蠶食六國；百有餘載，至始皇乃能并冠帶之倫⑫。以德若彼，用力如此，蓋一統若斯之難也。

秦既稱帝，患兵革不休，以有諸侯也。於是無尺土之封，墮壞⑬名城，銷鋒鏑⑭，鉏豪傑，維萬世之安。然王跡之興，起於閭巷⑮；合從討伐，軼於三代。鄉⑯秦之禁，適足以資⑰賢者，爲驅除難耳。故憤發其所爲天下雄，安在無土不王⑱？此乃傳之所謂大聖乎？豈非天哉？豈非天哉？非大聖孰能當此受命而帝者乎？」

〔註釋〕

① **秦楚之際月表** 張晏云：「時天下未定，參錯變易，不可以年紀，故列其月。今按秦楚之際，擾攘僭篡，運數又促，故以月紀事而名表也。」

② **卒踐帝祚** 祚，同阼。《禮・曲禮》：「踐祚臨祭祀。」疏：「踐，履也；阼，主人階也。天子祭祀升阼階，履主階行事，故云踐阼也。」按古時殿前兩階無中間道，故以阼階爲天子之位，因謂新君嗣位曰踐阼。

③ **號令三嬗** 嬗，古禪字，音ㄕㄢˋ，相互更替也。三嬗，謂陳涉、項羽、漢高祖也。

④ **亟** 音ㄐㄧˊ，急也。

⑤ **攝行政事** 代君聽政也。攝，代也。

⑥ **考之於天** 即孟子所謂天與人歸也。《孟子・萬章》：「使之主祭而百神享之，是天受之；使之主事而事治，百姓安之，是民受之也。天與之，人與之，故曰：『天子不能以天下與人。』」

⑦ **契后稷** 契、音ㄒㄧㄝˋ，古人名，高辛氏之子，舜時官司徒，佐禹治水有功，封於商，為商之祖。后稷，古人名，堯使居稷官，封之於邰，號為后稷，為周之始祖。

⑧ **孟津** 津名，位於河南省孟縣南，亦曰盟津，周武王伐紂，與諸侯會盟於此，故名。

⑨ **放弒** 謂湯放桀，武王討紂也。

⑩ **章** 顯大也。

⑪ **繆** 繆，通穆，即秦穆公。

⑫ **冠帶之倫** 頂冠束帶，皆服物也。冠帶之倫，喻習於禮教之人民，別於夷狄而言。《文選》司馬相如〈難蜀父老〉：「封疆之內，冠帶之倫。」

⑬ **墮壞** 墮，俗作隳，音ㄏㄨㄟ，毀壞也。

⑭ **銷鋒鏑** 銷，鎔化金屬也。兵刃為鋒，箭鏃為鏑。鏑，音ㄉㄧˊ。

⑮ **閭巷** 謂里巷也。

⑯ **鄉** 同向、嚮。

⑰ **資** 助也，供也。

⑱ **無土不王** 《白虎通》曰：「聖人無土不王。此謂高祖發憤閭巷而成帝業，安在其為無土不王也？」

張中丞傳後序

韓　愈

元和二年四月十三日夜，愈與吳郡張籍①閱家中舊書，得李翰所爲〈張巡傳〉②。翰以文章自名，爲此傳頗詳密；然尚恨有闕者，不爲許遠立傳，又不載雷萬春③事首尾。

遠雖材若不及巡者，開門納巡，位本在巡上，授之柄而處其下，無所疑忌，竟與巡俱守死，成功名，城陷而虜，與巡死先後異耳。兩家子弟④材智下，不能通知二父志，以爲巡死而遠就虜，疑畏死而辭服⑤於賊。遠誠畏死，何苦守尺寸之地，食其所愛之肉⑥，以與賊抗而不降乎？當其圍守時，外無蚍蜉蟻子⑦之援，所欲忠者，國與主耳，而賊語以國亡主滅。遠見救援不至，而賊來益眾，必以其言爲信。外無待而猶死守，人相食且盡，雖愚人亦能數日而知死處矣；遠之不畏死亦明矣。烏有城壞，其徒俱死，獨蒙愧恥求活？雖至愚者不忍爲，嗚呼！而謂遠之賢而爲之邪？說者又謂遠與巡分城而守，城之陷自遠所分始，以此詬遠，此又與兒童之見無異。人之將死，其臟腑⑧必有先受其病者；引繩而絕之，其絕必有處。觀者見其然，從而尤之，其亦不達於理矣。小人之好議論，不樂成人之美⑨如是哉！如巡遠之所成就，如此卓卓⑩，猶不得免，其他則又何說！當二公之初守也，寧能知人之卒不救，棄城而逆遁⑪？苟此不能守，雖避之他處何益？及其無救而且窮⑫也，將其創殘餓羸之餘⑬，雖欲去，必不達。二公之賢，其講之精矣。守一城，捍天下，以千百就盡之卒，戰百萬日滋⑭之師，蔽遮江、淮，沮遏⑮其勢。天下之不亡，其誰之功也？當是時，棄城而圖存者，不可一二數；擅強兵坐而觀者，相環也。不追議此，而責二公以死守，亦見其自比⑯於逆亂，設淫辭而助之攻也。

愈嘗從事於汴、徐二府，屢道於兩州間，親祭於其所謂雙廟⑰者。其老人往往說巡、遠時事云：「南霽雲之乞救於賀蘭也，賀蘭嫉巡、遠之聲威功績出己上，不肯出師救。愛霽雲之勇且壯，不聽其語，強留之，具食與樂，延霽雲坐。霽雲慷慨語曰：『雲來時，睢陽之人不食月餘日矣。雲雖欲獨食，義不忍；雖食，且不下咽。』因拔所佩刀，斷一指，血淋漓，以示賀蘭。一座大驚，皆感激，爲雲泣下。雲知賀蘭終無爲雲出師意，即馳去。將出城，抽矢射佛寺浮屠⑱，矢著其上甎半箭，曰：『吾歸破賊，必滅賀蘭，此矢所以志⑲也。』愈貞元中過泗州⑳，船上人猶指以相語。城陷，賊以刃脅降巡。巡不屈，即牽去，將斬之。又降霽雲，雲未應。巡呼雲曰：『南八㉑男兒死耳，不可爲不義屈。』雲笑曰：『欲將以有爲也；公有言，雲敢不死？』即不屈。」

張籍曰：「有于嵩者，少依於巡。及巡起事，嵩常在圍中。籍大曆中於和州烏江縣見嵩，嵩時年六十餘矣。以巡初嘗得臨渙縣尉㉒，好學無所不讀。籍時尚小，粗問巡、遠事，不能細也。云：『巡長七尺餘，鬚髯若神。嘗見嵩讀《漢書》㉓，謂嵩曰：「何爲久讀此？」嵩曰：「未熟也。」巡曰：「吾於書讀不過三遍，終身不忘也。」因誦嵩所讀書，盡卷，不錯一字。嵩驚，以爲巡偶熟此卷，因亂抽他帙以試，無不盡然。嵩又取架上諸書，試以問巡，巡應口誦無疑。嵩從巡久，亦不見巡常讀書也。爲文章，操紙筆立書，未嘗起草。初守睢陽時，士卒僅㉔萬人，城中居人户亦且數萬，巡因一見問姓名，其後無不識者。巡怒，鬚髯輒張。及城陷，賊縛巡等數十人坐；且將戮。巡起旋㉕，其眾見巡起，或起或泣。巡曰：「汝勿怖，死，命也！」眾泣不能仰視。巡就戮時，顏色不亂，陽陽㉖如平常。遠寬厚長者，貌如其心。與巡同年生，月日後於巡，呼巡爲兄，死時年四十九。』」

嵩貞元初死於亳、宋㉗間。或傳嵩有田在亳、宋間，武人奪而有之，嵩將詣州訟理，爲所殺。嵩無子。」張籍云。

〔註　釋〕

① **吳郡張籍**　吳郡，今江蘇省吳縣。張籍，字文昌，和州烏江人，此處稱吳郡，或指其郡望。張籍以樂府詩聞名，爲社會寫實派詩人。

② **李翰所爲張巡傳**　李翰，唐趙州贊皇人，開元進士。張巡守睢陽，翰亦在城中。巡殉職後，傳說以爲巡降賊，翰激於義憤，乃撰〈張巡傳〉，爲其辯白。

③ **雷萬春**　張巡部將，勇敢善戰，睢陽城陷，爲賊所殺。李耆卿《文章精義》、茅坤《韓文鈔》、閻若璩《潛邱雜記》卷五，皆根據本文後半篇補記南霽雲事，乃疑「雷萬春」

當是南霽雲之誤。

④ **兩家子弟** 指張巡之子去疾與許遠之子許峴。

⑤ **辭服** 卑辭降服於賊。

⑥ **食其所愛之肉** 睢陽被圍，糧食斷絕，張巡殺其愛妾，許遠殺其奴僕，以供士兵食用。

⑦ **蚍蜉蟻子** 蚍蜉，音ㄆㄧˊ ㄈㄨˊ，大螞蟻；蟻子，小螞蟻。比喻力量之小。

⑧ **臟腑** 指五臟（心、肝、脾、肺、腎。）與六腑（胃、膽、三焦、膀胱、大腸、小腸。）

⑨ **成人之美** 《論語・顏淵篇》：「子曰：『君子成人之美。』」意謂君子成全他人之美名美事。

⑩ **卓卓** 特立貌。《世說・容止》：「嵇延祖卓卓如野鶴之在雞群。」

⑪ **逆遁** 逆，度也，謂先事預度之也，見《玉篇》。逆遁，預先逃遁也。

⑫ **且窮** 且，將也。窮，困阨也。

⑬ **創殘餓羸之餘** 創，音ㄔㄨㄤ，傷也。羸，音ㄌㄟˊ，瘦弱也。餘，指剩餘少數士兵。

⑭ **日滋** 日日增多。

⑮ **沮遏** 沮，音ㄐㄩˇ，止也；遏，音ㄜˋ，止也。沮遏，阻止、阻絕之義。

⑯ **比** 音ㄅㄧˋ，朋比、阿附也。

⑰ **雙廟** 張巡、許遠殉職後，各追贈爲揚州大都督、荆州大都督，立廟睢陽，號稱雙廟，又稱雙忠廟。

⑱ **浮屠** 寶塔。乃梵語音譯，或譯爲浮圖、佛圖。

⑲ **志** 通誌，記也。

⑳ **泗州** 唐代泗州州治設於臨淮。

㉑ **南八** 即南霽雲，因排行第八，故稱南八。唐人習慣以排行稱人，如白二十二郎。

㉒ **臨渙縣尉** 臨渙縣，位今安徽省宿縣西南。尉，官名，掌捕盜賊。

㉓ **漢書** 我國著名史書之一，東漢班固撰。記載起於漢高祖，終於王莽之誅，共二百二十九年間事，分爲十二紀、八表、十志、七十列傳，共計百篇。

㉔ **僅** 幾、近之意。

㉕ **旋** 盤旋也。

㉖ **陽陽** 神色自然，毫不在意貌。

㉗ **亳宋** 亳，音ㄅㄛˊ，今安徽亳縣。宋，即睢陽，今河南商邱縣。

愚溪詩序

柳宗元

灌水之陽①有溪焉，東流入於瀟水②。或曰：「冉氏嘗居也，故姓是溪爲冉溪。」或曰：「可以染也，名之以其能，故謂之染溪。」余以愚觸罪③，謫瀟水上，愛是溪，入二三里，得其尤絕者家焉。古有愚公谷④，今余家是溪，而名莫能定，土之居者猶齗齗⑤然；不可以不更也，故更之爲愚溪。

愚溪之上，買小丘，爲愚丘。自愚丘東行六十步，得泉焉，又買居之，爲愚泉。愚泉凡六穴，皆出山下平地，蓋上出也。合流屈曲而南，爲愚溝。遂負土累石，塞其隘，爲愚池。愚池之東，爲愚堂。其南，爲愚亭。池之中，爲愚島。嘉木異石錯置，皆山水之奇者，以余故，咸以愚辱焉。

夫水，智者樂也⑥；今是溪獨見辱於愚，何哉？蓋其流甚下，不可以灌溉；又峻急，多坻石⑦，大舟不可入也；幽邃淺狹，蛟龍不屑，不能興雲雨，無以利世，而適類於余。然則雖辱而愚之，可也。寧武子⑧邦無道則愚，智而爲愚者也。顏子⑨終日不違如愚，睿⑩而爲愚者也。皆不得爲眞愚。今余遭有道⑪，而違於理，悖於事，故凡爲愚者，莫我若也。夫然，則天下莫能爭是溪，余得專而名焉。

溪雖莫利於世，而善鑒萬類；清瑩秀澈，鏘鳴金石；能使愚者喜笑眷慕，樂而不能去也。余雖不合於俗，亦頗以文墨自慰，漱滌萬物，牢籠⑫百態，而無所避之。以愚辭歌愚溪，則茫然而不違，昏然而同歸，超鴻蒙⑬，混希夷⑭，寂寥⑮而莫我知也。於是作〈八愚詩〉，紀於溪石上。

〔註釋〕

① **灌水之陽** 灌水，瀟水支流，位於湖南零陵縣。陽，古稱水北山南爲陽。《穀梁傳・僖二十八年》：「水北爲陽，山南爲陽。」

② **瀟水** 源出湖南寧遠縣南九疑山（亦作九嶷），北流經道縣，至零陵縣西北，入湘水，故自古並稱瀟湘。

③ **余以愚觸罪** 憲宗朝，宗元坐王叔文黨，貶永州司馬。此處不便直說，唯有直承愚陋。

④ **愚公谷** 位於今山東臨淄縣西。劉向《說苑‧政理篇》：「齊桓公出獵，入山谷中，見一老人問曰：『是爲何谷？』對曰：『爲愚公之谷。』桓公問其故，曰：『以臣名之。』」

⑤ **斷斷** 斷，音ㄧㄣˊ，爭辯貌。《史記‧魯世家》：「余聞孔子稱曰：『甚矣魯道之衰也，洙、泗之間斷斷如也。』」

⑥ **智者樂也** 樂，音ㄧㄠˋ，愛好也。《論語‧雍也》：「子曰：『知者樂水，仁者樂山。』」

⑦ **坻石** 坻，音ㄔˊ，水中高地，見《爾雅‧釋水》。

⑧ **寧武子** 姓寧，名俞，武其謚號，春秋時衛國大夫。《論語‧公冶長》：「子曰：『寧武子邦有道則知，邦無道則愚。其知可及也，其愚不可及也。』」

⑨ **顏子** 姓顏，名回，字子淵，（《論語》中多省稱爲顏淵）孔子弟子，春秋魯人。《論語‧爲政》：「子曰：『吾與回言終日，不違如愚；退而省其私，亦足以發，回也不愚！』」

⑩ **睿** 音ㄖㄨㄟˋ，深明通達也。張衡〈東京賦〉：「睿哲玄覽。」

⑪ **有道** 有道德者，《論語‧學而》：「就有道而正焉。」今書函中常用此爲對人之敬稱。

⑫ **牢籠** 包括一切也。《淮南子・本經》：「牢籠天地，彈壓山川。」

⑬ **鴻蒙** 同澒濛、鴻蒙，自然元氣也。《莊子・在宥》：「雲將東遊，過扶搖之枝，而適遭鴻蒙。」

⑭ **希夷** 《老子》：「視之不見名曰夷，聽之不聞名曰希。」

⑮ **寂寥** 寂靜空洞之義。《老子》：「寂兮寥兮。」王注：「寂者，無聲音；寥者，空無形。」

戰國策目錄序

曾鞏

劉向①所定《戰國策》②三十三篇，《崇文總目》③稱十一篇者闕。臣訪之士大夫家，始盡得其書，正其誤謬，而疑其不可考者，然後《戰國策》三十三篇復完。

敘曰：向敘此書，言周之先，明教化，修法度，所以大治；及其後，謀詐用，而仁義之路塞，所以大亂。其說既美矣，卒以謂此書戰國之謀士，度時君之所能行，不得不然。則可謂：惑於流俗而不篤於自信者也。

夫孔孟之時，去周之初已數百歲，其舊法已亡，舊俗已熄久矣；二子乃獨明先王之道④，以謂不可改者；豈將強天下之主以後世之不可爲哉？亦將因其所遇之時，所遭之變，而爲當世之法，使不失乎先王之意而已。二帝三王⑤之治，其變固殊，其法固異，而其爲國家天下之意，本末先後，未嘗不同也。二子之道，如是而已。蓋法者所以適變也，不必盡同；道者所以立本也，不可不一：此理之不易者也。故二子者守此，豈好爲異論哉？能勿苟而已矣。可謂：不惑乎流俗而篤於自信者也。

戰國之游士⑥則不然。不知道之可信，而樂於說之易合，其設心注意，偷⑦爲一切之計而已。故論詐之便而諱其敗，言戰之善而蔽其患，其相率而爲之者，莫不有利焉，而不勝其害也；有得焉，而不勝其失也。卒之蘇秦⑧、商鞅⑨、孫臏⑩、吳起⑪、李斯⑫之徒，以亡其身，而諸侯及秦用之者，亦滅其國。其爲世之大禍明矣，而俗猶莫之寤⑬也。

惟先王之道，因時適變，爲法不同，而考之無疵，用之無弊。故古之聖賢，未有以此而易彼也。

或曰：「邪說之害正也，宜放而絕之，此書之不泯⑭其可乎？」對曰：「君子之禁邪說也，固將明其說於天下，使當世之人，皆知其說之不可從，然後以禁則齊；使後世之人，皆知其說之不可爲，然後以戒則明；豈必滅其籍哉？放而絕之，莫善於是。是以孟子之書，有爲神農之言⑮者，有爲墨子之言⑯者，皆著而非之。至此書之作，則上繼春秋，下至楚、漢之起，二百四五十年之間，載其行事，固不可得而廢也。」

此書有高誘⑰注者二十一篇，或曰三十二篇。《崇文總目》存者八篇，今存者十篇。

〔註　釋〕

①**劉向**　字子政，漢高祖異母弟楚元王四世孫。博學能文，宣帝召於未央宮講經。曾校書天祿閣，著有《說苑》、《新序》等書。

②**戰國策**　西漢劉向所編，記載春秋以後，至西漢之起，共十二國二百四十五年間事，所載多屬戰國策士遊說之事，不是一時一地一人之作品。

③**崇文總目**　爲北宋官府昭文、史館、集賢、秘閣四館藏書的總目錄，分類編目，共六十六卷，仁宗時王堯臣等奉敕撰。

④**先王之道**　指堯、舜、禹、湯、文、武等先王仁義之道。

⑤**二帝三王**　二帝謂唐堯、虞舜。三王指夏禹、商湯、周文王、武王。

⑥**游士**　以謀略游說各國諸侯之策士。

⑦ **偷** 苟且。

⑧ **蘇秦** 字季平，洛陽人，師事鬼谷子，習縱橫家言。嘗遊說六國合縱抗秦，配六國相印。

⑨ **商鞅** 衛之庶公子，姓公孫，好刑名法術之學。相秦孝公，變法富強，封於商，號稱商君。

⑩ **孫臏** 齊人，與龐涓學兵法於鬼谷子。涓爲魏將，嫉其才，借法臏其足，黥其面。後齊魏會戰，臏計困涓於馬陵道，涓智窮自剄。

⑪ **吳起** 衛人，善用兵。初爲魯將，後爲魏擊秦，拜西河太守。繼而遭譖奔楚，楚悼王以爲相。

⑫ **李斯** 與韓非師事荀卿。秦始皇一統天下，以斯爲相。二世立，趙高用事，誣其子通盜謀亂，腰斬咸陽。

⑬ **寤** 同悟，覺悟也。

⑭ **泯** 滅也。銷燬。

⑮ **神農之言** 指《孟子・滕文公篇》所記農家許行之學說。許行主張「君民並耕」、「市價不二」。

⑯ **墨子之言** 即墨家墨翟的學說。墨翟主張「兼愛非攻」。

⑰ **高誘** 東漢涿縣人，曾注《戰國策》、《呂氏春秋》、《淮南子》。

三、奏議類

姚姬傳《古文辭類纂・序目》曰：「奏議類者，蓋唐虞三代聖賢陳說其君之辭，《尚書》具之矣。周衰，列國臣子爲國謀者，誼忠而辭美，皆本謨誥之遺，學者多誦之。其載《春秋》內外傳者不錄，錄自戰國以下。漢以來有表、奏、疏、議、上書、封事之異名，其實一類。惟對策雖亦臣下告君之辭，而其體稍別，故寘之下編。兩蘇應制舉時所進時務策，又以附對策之後。」

按：《尚書・皐陶謨》、周公旦告成王〈無逸〉、召公奭告成王〈召告〉，乃奏議之起源；其名稱尤多，分別說明如下：

奏、說文：「奏，進也。」臣下對君上陳說之用，如賈捐之〈薦楊興奏〉。

疏、古文疋。說文：「疋，記也。」注經文字曰疏，論事文字亦曰疏，如賈誼〈論積貯疏〉。

上書、凡上於君長，如君上長吏等，皆曰上書。

漢人上書，爲對君上專用，如鄒陽〈諫吳王書〉。

上言、與上書同，如賈山〈至言〉。

表、釋名：「下言於上曰表。」秦時已有之，東漢乃常見，如諸葛亮〈出師表〉。

議、進御之條陳，如班固〈匈奴和親議〉。

駁議、進御之條陳，專用於反駁，如蕭長倩〈駁入粟贖罪議〉。

狀、進御之條陳，如趙充國〈上屯田十二事狀〉。

對策、策爲竹簡，將陳述之言書於簡策，故謂之對策，乃應試之作，如董仲舒〈舉賢良對策〉。

對、對答君上之文，如東方朔〈化民有道對〉。

說、亦是條陳之類，對君上長官皆可用，如鼂錯〈說文帝令民入粟受爵〉。

獻書、與上書類似，唯上書多用於君上，獻書多用於長官，如崔駰〈獻書誡竇憲〉。

牋、本作箋，東漢末年，官吏上書王侯往往用之，如楊修〈答臨淄侯牋〉。

封事、爲密封奏議，如劉向〈極諫外家封事〉。

彈章、專用於彈劾。

箚子、如王安石〈本朝百年無事箚子〉。

牓子、錄子、亦奏議之異名，唐代盛行。

題、本、奏摺、亦奏議之異名，盛行於明清。

諫逐客書

李　斯

臣聞吏議逐客，竊以爲過矣！

昔穆公①求士，西取由余②於戎，東得百里奚於宛③，迎蹇叔於宋④，求丕豹、公孫支於晉⑤。此五子者，不產於秦；而穆公用之，并國二十，遂霸西戎⑥。孝公用商鞅之法⑦，移風易俗，民以殷盛，國以富強，百姓樂用，諸侯親服，獲楚魏之師，舉地千里，至今治強。惠王用張儀之計⑧，拔三川之地，西并巴蜀⑨，北收上郡⑩，南取漢中⑪，包九夷，制鄢郢⑫，東據成皋⑬之險，割膏腴之壤⑭，遂散六國之從，使之西面事秦，功施到今。昭王得范睢⑮，廢穰侯，逐華陽⑯，強公室，杜私門，蠶食諸侯，使秦成帝業。此四君者，皆以客之功，由此觀之，客何負於秦哉！向使四君卻客而不內，疏士而不與，是使國無富利之實，而秦無強大之名也。

今陛下致昆山之玉⑰，有隨和之寶⑱，垂明月之珠⑲，服太阿之劍⑳，乘纖離之馬㉑，建翠鳳之旗㉒，樹靈鼉之鼓㉓：此數寶者，秦不生一焉，而陛下說之，何也？必秦國之所生然後可，則是夜光之璧，不飾朝廷；犀象之器㉔，不爲玩好；鄭衛之女㉕，不充後宮；而駿馬駃騠㉖，不實外廄；江南金錫不爲用；西蜀丹青不爲采㉗。所以飾後宮，充下陳㉘，娛心意，說耳目者，必出於秦然後可，則是宛珠之簪㉙，傅璣之珥㉚，阿縞之衣㉛，錦繡之飾，不進於前；而隨俗雅化㉜，佳冶窈窕㉝，趙女不立於側也。夫擊甕叩缶㉞，彈箏搏髀㉟，而歌呼嗚嗚快耳者，眞秦之聲也；鄭衛桑間㊱，韶虞武象者㊲，異國之樂也。今棄擊甕而就鄭衛，退彈箏而取韶虞，若是者何也？快意當前，適觀而已矣。今取人則不然，不問可否，不論曲直，非秦者去，爲客者逐，然則是所重者在乎色樂珠玉，而所輕者在乎人民也。此非所以跨海內，致諸侯之術也。

臣聞地廣者粟多，國大者人眾，兵強者士勇。是以泰山不讓土壤，故能成其大；河海不擇細流，故能就其深；王者不卻眾庶，故能明其德。是以地無四方，民無異國，四時充美，鬼神降福。此五帝、三王之所以無敵也。今乃棄黔首㊳以資敵國，卻賓客以業㊴諸侯，使天下之士退而不敢西向，裹足不入秦㊵，此所謂藉寇兵而齎盜糧㊶者也。

夫物不產於秦，可寶者多；士不產於秦，而願忠者眾。今逐客以資敵國，損民以益讎，內自虛而外樹怨於諸侯，求國無危，不可得也。

〔註釋〕

① **穆公** 嬴姓，名任好，爲春秋五霸之一。

② **由余** 其先本晉人，亡入戎，爲戎王使秦，穆公賢之，以計間戎王，由余遂降秦。

③ **東得百里奚於宛** 百里奚，楚宛人，爲虞大夫。虞亡入秦。宛，今河南南陽縣。

④ **迎蹇叔於宋** 蹇叔，岐州人，嘗遊宋，穆公使人厚幣迎之。宋，今河南歸德以東，至江蘇徐州。

⑤ **求丕豹公孫支於晉** 丕豹，丕鄭之子，鄭見殺，豹遂奔秦。公孫支，秦大夫子桑也，岐州人，遊晉，後歸秦。

⑥ **西戎** 今甘肅慶陽縣。

⑦ **孝公用商鞅之法** 秦孝公，名渠梁，獻公子。商鞅，戰國衛人，亦稱衛鞅，少好刑名之學，去衛入秦，孝公任為左庶長，定變法之令，秦以富強，封於商，稱商鞅。

⑧ **惠王用張儀之計** 惠王，秦孝公之子，名駟。張儀，戰國魏人。惠王用為相，遊說六國，連橫事秦。

⑨ **拔三川之地西并巴蜀** 三川，今河南省黃河兩岸之地，以其地有河、洛、伊，故名。巴蜀，今四川省地。

⑩ **上郡** 今陝西省西北部及綏遠省鄂爾多斯旗左翼皆其地。

⑪ **漢中** 今陝西省南部及湖北省西北部。

⑫ **包九夷制鄢郢** 包，兼也。九夷，楚之夷也。鄢，今湖北省宜城縣。郢，故楚郢都。

⑬ **成皋** 今河南省城皋縣西北。

⑭ **膏腴之壤** 肥沃之土地。膏，肉之肥者；腴，腹下肥肉；引申有肥沃之意。

⑮ **昭王得范雎** 昭王，即昭襄王，名稷，惠王子。范雎，魏人，字叔，善口辯，初事魏，後入秦，說昭王以遠交近攻之策，封應侯。

⑯ **廢穰侯逐華陽** 穰侯，姓魏，名冉，昭王母宣太后異父弟，為相國。華陽，宣太后同父弟芊戎。

⑰**崑山之玉**　崑山，即崑岡，在于闐國東北四百里，其岡出玉。

⑱**隨和之寶**　指隨侯之珠，卞和之玉。事見《淮南子・覽冥篇》及《韓非子・和氏》。

⑲**明月之珠**　夜光之珠，有似月光，故曰明月。見《淮南子・氾論篇》。

⑳**太阿之劍**　越絕書：「楚王召歐冶子、干將作鐵劍三枚，其二曰太阿。」

㉑**纖離之馬**　良馬名，出北狄纖離國。

㉒**翠鳳之旗**　以翠羽爲鳳形而飾旗。

㉓**靈鼉之鼓**　鼉，音ㄊㄨㄛˊ，動物名，皮堅可張鼓。古以鼉爲神異，故曰靈鼉。

㉔**犀象之器**　犀牛角、象牙所作之器物。

㉕**鄭衛之女**　春秋戰國，鄭衛風俗淫靡，故稱美豔之女子爲鄭衛之女。

㉖**駃騠**　音ㄐㄩㄝˊ ㄊㄧˊ，良馬名，出北狄。

㉗**西蜀丹青不爲釆**　丹，朱砂；青，空青；皆礦物，可作顏料，又可入藥。釆，彩之本字，彩繪也。

㉘**下陳**　猶後列也，指侍妾。

㉙**宛珠之簪**　言以宛縣所產之珠飾簪。

㉚**傅璣之珥**　以璣附著於珥。璣，音ㄐㄧ，珠之不圓者；珥，音ㄦˇ，塞耳之玉。

㉛ **阿縞之衣**　以齊東阿縣所出之繒帛做衣。縞，音ㄍㄠˇ。

㉜ **隨俗雅化**　能隨俗閑雅變化也。

㉝ **佳冶窈窕**　佳冶，豔麗貌。窈，音ㄧㄠˇ；窕，音ㄊㄧㄠˇ。《詩・周南・關雎》：「窈窕淑女。」陳奐《詩毛氏傳疏》：「窈，言婦德幽靜；窕，言婦容閒雅。」

㉞ **擊甕叩缶**　《說文》曰：「甕，汲瓶也；缶，瓦器，秦人鼓之以節樂。」甕，音ㄨㄥˋ。

㉟ **彈箏搏髀**　箏，樂器，髀，音ㄅㄧˋ，股骨也。搏髀，拍骨為節。

㊱ **鄭衛桑間**　鄭、衛，國名。桑間，衛國地名。《禮記・樂記》：「鄭衛之音，亂世之音；桑間、濮上之音，亡國之音也。」

㊲ **韶虞武象**　韶虞，舜樂。武象，周武王之樂。

㊳ **黔首**　《史記・秦始皇本紀》：「更名民曰黔首。」《說文》：「黔，黎也。秦謂民曰黔首，謂黑色。周謂之黎民。」黔，音ㄑㄧㄢˊ。

㊴ **業**　事奉也。

㊵ **裹足不入秦**　謂雖裹足而不敢入秦也。裹足，將登途也。

㊶ **藉寇兵而齎盜糧**　藉，借也。齎，音ㄐㄧ，持送也。意謂以兵器借與敵寇，將糧食送與盜賊。

諫獵書

司馬相如

臣聞物有同類而殊能者：故力稱烏獲①，捷言慶忌②，勇期賁育③。臣之愚，竊以爲人誠有之，獸亦宜然。

今陛下好陵阻險，卒然遇軼材④之獸，駭不存⑤之地，犯屬車之清塵⑥！輿不及還轅⑦，人不暇施巧，雖有烏獲、逢蒙⑧之技不能用，枯木朽枝，盡爲難矣！是胡越起於轂⑨下，而羌夷接軫⑩也，豈不殆哉！

雖萬全無患，然本非天子之所宜近也。且夫清道而後行，中道而馳，猶時有銜橛之變⑪；況乎涉豐草，馳邱墳，前有利獸之樂，而內無存變之意，其爲害也不難矣！

夫輕萬乘之重不以爲安樂，出萬有一危之塗以爲娛，臣竊爲陛下不取。蓋明者遠見於未萌，而智者避危於無形。禍固多藏於隱微，而發於人之所忽者也。故鄙諺曰：「家累千金，坐不垂堂⑫。」此言雖小，可以喻大。臣願陛下留意幸察。

〔註　釋〕

①**烏獲**　人名，古之力士。《帝王世紀》云：「秦武王好多力之士，烏獲之徒並皆歸焉，秦王於洛陽舉周鼎，烏獲兩目出血。」六國時人也。

②**慶忌**　春秋吳王僚之子，以勇聞；筋骨果勁，萬人莫當。公子光既弒僚，慶忌在衛，光憂之，使要離至吳，乘間刺殺之。

③**賁育**　孟賁、夏育也，古之勇士。孟賁水行不避蛟龍，陸行不避豺狼。

④**軼材**　謂非凡庸之材也。《漢書・王褒傳》：「益州刺史因奏褒有軼材。」註：「軼與逸同。」

⑤**不存**　謂不得安存也。

⑥**犯屬車之清塵**　屬車，天子從車，相續不絕也。不敢指斥之，故言犯清塵。

⑦**轅**　音ㄐㄧˋ，夾於車前馬腹兩旁之車槓。

⑧**逢蒙**　人名，古之善射者。《孟子・離婁》：「逢蒙學射於羿，盡羿之道，思天下惟羿

爲愈己，於是殺羿。」

⑨ **轂** 輻所湊也。按六書故曰：「輪之中爲轂，空其中，軸所貫也。」《老子》：「三十輻共一轂。」轂，音ㄍㄨˇ。

⑩ **軫** 音ㄓㄣˇ，車後橫木也，見《說文》。

⑪ **銜橛之變** 謂車馬奔馳，有傾覆之虞也。銜，馬勒銜也；橛，騑馬口長銜也，橛，音ㄐㄩㄝˊ。

⑫ **家累千金坐不垂堂** 言富人之子，則自愛深也。《論衡・四諱篇》：「毋承屋檐而坐，恐瓦墜擊人首也。」

出師表①

諸葛亮

臣亮言：先帝②創業未半，而中道崩殂③。今天下三分④，益州⑤疲弊⑥，此誠危急存亡之秋⑦也。然侍衛之臣，不懈於內；忠志之士，亡⑧身於外者，蓋追先帝之殊遇，欲報之於陛下也。誠宜開張聖聽⑨，以光先帝遺德，恢弘⑩志士之氣；不宜妄自菲薄⑪，引喻失義⑫，以塞忠諫之路也。

宮中府中⑬，俱爲一體，陟罰臧否⑭，不宜異同⑮。若有作姦犯科⑯，及爲忠善者，宜付有司，論其刑賞，以昭陛下平明之治，不宜偏私，使內外異法也。侍中、侍郎⑰郭攸之⑱、費禕⑲、董允⑳等，此皆良實，志慮忠純㉑，是以先帝簡拔㉒以遺陛下。愚以爲宮中之事，事無大小，悉以咨㉓之，然後施行，必能裨補闕漏㉔，有所廣益。將軍向寵㉕，性行淑均㉖，曉暢軍事，試用於昔日，先帝稱之曰「能」，是以眾議舉寵爲督。愚以爲營中之事，悉以咨之，必能使行陣和睦，優劣得所。親賢臣，遠小人，此先漢所以興隆也；親小人，遠賢臣，此後漢所以傾頹也。先帝在時，每與臣論此事，未嘗不歎息痛恨於桓、靈㉗也。侍中、尚書㉘、長史㉙、參軍㉚，此悉貞亮死節㉛之臣也，願陛下親之信之，則漢室之隆，可計日而待也。

臣本布衣㉜，躬耕於南陽㉝，苟全性命於亂世，不求聞達㉞於諸侯。先帝不以臣卑鄙，猥㉟自枉屈，三顧臣於草廬之中，諮臣以當世之事，由是感激，遂許先帝以驅馳。後值傾覆㊱，受任於敗軍之際，奉命於危難之間，爾來二十有一年矣！先帝知臣謹慎，故臨崩寄臣以大事也。受命以來，夙夜憂勤，恐託付不效㊲，以傷先帝之明。故五月渡瀘㊳，深入不毛㊴。今南方已定，兵甲已足，當獎率三軍，北定中原，庶竭駑鈍㊵，攘除奸凶，興復漢室，還於舊都㊶：此臣所以報先帝而忠陛下之職分也。至於斟酌損益㊷，進盡忠言，則攸之、禕、允之任也。願陛下託臣以討賊興復之效；不效，則治臣之罪，以告先帝之靈。若無興德之言㊸，責攸之、禕、允等之慢，以彰其咎。陛下亦宜自課㊹，以諮諏㊺善道，察納雅言㊻，深追先帝遺詔，臣不勝受恩感激。今當遠離，臨表涕泣㊼，不知所云㊽。

〔註　釋〕

①**出師表**　蜀漢建興五年（西元二二七年），諸葛北伐曹魏，駐屯漢中，出師前上此表後主劉禪。古代人臣言事於君，稱爲上書，漢定上書爲章、奏、表、議四種：章以謝恩，奏以按劾，表以陳情，議以執異。

②**先帝**　指蜀漢昭烈帝，先主劉備，字玄德，涿州人，漢景帝之子中山靖王後人。

③**崩殂**　劉備伐吳失敗，章武三年病死白帝城。古稱皇帝死亡爲崩，如山之崩塌。

④**天下三分**　曹魏佔領華北，建都洛陽；孫權據有東南，建都建業；蜀漢佔有西南，建都成都；三國成鼎立之勢。

⑤**益州**　後漢州名，位於今之四川省，爲蜀漢主要領土。

⑥**疲敝**　疲，指人力之疲困；敝，指物力之破敗。

⑦**秋**　指緊要關頭。李善注：「歲以秋爲功畢，故以喻時之要也。」

⑧**亡**　同忘。

⑨**開張聖聽**　擴大見聞。聖，尊稱天子，此指劉禪。

⑩**恢弘**　擴大。

⑪**妄自菲薄** 任意看輕自己，不知自重。妄，亂也，菲，微薄也。

⑫**引喻失義** 引證比喻之事，不合義理。

⑬**宮中府中** 宮，指皇宮；府，指丞相府及將軍府。

⑭**陟罰臧否** 賞善罰惡也。陟，音ㄓˋ，升遷、獎賞也。罰，懲罰。臧，音ㄗㄤ，善也。否，音ㄆㄧˇ，惡也。

⑮**不宜異同** 不應有差別。異同，偏用「異」之義，爲雙義仄用法。

⑯**作姦犯科** 做壞事，冒犯法紀。科，科條法令。

⑰**侍中侍郎** 皆天子左右侍臣。侍中掌理宮中奏事及車馬衣服等職。侍郎爲侍衛之官。

⑱**郭攸之** 字演長，南陽人，時爲侍中。

⑲**費禕** 字文偉，江夏人，時爲侍中。

⑳**董允** 字休昭，南郡人，爲黃門侍郎。

㉑**志慮忠純** 即志忠慮純也。意謂意志忠誠，思想純正。

㉒**簡拔** 選擇提拔。

㉓**咨** 詢問、商量。與下文「諮」意同。

㉔**裨補闕漏** 補救缺點與遺漏。裨，音ㄅㄧˋ。

㉕ **向寵** 襄陽宜城人，字巨違，先主時爲牙門將，後主封爲都亭侯。

㉖ **淑均** 善良公正。

㉗ **桓靈** 即東漢桓帝劉志、靈帝劉宏，皆昏庸無能，信任外戚宦官，政治腐敗，民不聊生，招致黃巾之亂。

㉘ **尚書** 指陳震，字孝起，南陽人。

㉙ **長史** 指張裔，字君嗣，成都人。

㉚ **參軍** 指蔣琬，字公琰，零陵湘鄉人。

㉛ **貞亮死節** 貞亮，忠正誠實。死節，效死志節。

㉜ **布衣** 指平民。古代平民除老者可衣絲帛外，餘皆穿麻布衣服，故布衣成爲平民代稱。

㉝ **躬耕南陽** 躬耕，親自耕種也。南陽，郡名，轄有今河南省西南部及湖北省北部。

㉞ **聞達** 聞，指美好名譽，音ㄨㄣˋ；達，指顯耀地位。

㉟ **猥** 音ㄨㄟˇ，屈辱也。朱駿聲以爲發語詞。

㊱ **傾覆** 失敗。漢獻帝建安十三年（西元二〇八年），劉備於湖北當陽長坂坡，被曹操打敗，退保夏口。

㊲ **不效** 不成功。

㊳ **五月渡瀘** 諸葛亮於建興三年五月率軍南征，平定雲南境內亂事。瀘，指瀘水，又名雅礱江。

㊴ **不毛** 毛，草木。荒瘠不生五穀，謂之不毛。

㊵ **駑鈍** 比喻才能低劣。駑，劣馬。鈍，刀不鋒利。

㊶ **舊都** 指東漢首都洛陽。

㊷ **斟酌損益** 斟酌，本意爲適量倒酒，引申爲度量事情之可否而去取。損益，減少或增多。

㊸ **興德之言** 可以增進德業之良言。

㊹ **自課** 自我考查。《三國誌・諸葛亮傳》作「自謀」；《文選》作「自課」。

㊺ **諮諏** 訪問謀求也。

㊻ **雅言** 正言也。

㊼ **涕泣** 本傳作「涕零」，《文選》作「涕泣」。

㊽ **不知所云** 不知所言爲何，表示感傷至極。

教戰守策

蘇軾

夫當今生民之患，果安在哉？在於知安而不知危、能逸而不能勞。此其患不見於今，而將見於他日。今不爲之計，其後將有所不可求者。

昔者先王①知兵之不可去也，是故天下雖平，不敢忘戰。秋冬之隙，致民田獵以講武②，教之以進退坐作之方，使其耳目習於鐘鼓旌旗③之間而不亂，使其心志安於斬刈殺伐④之際而不懾⑤。是以雖有盜賊之變，而民不至於驚潰。

及至後世，用迂儒⑥之議，以去兵⑦爲王者之盛節⑧。天下既定，則卷甲⑨而藏之。數十年之後，甲兵頓敝⑩，而人民日以安於佚樂⑪；卒⑫有盜賊之警，則相與恐懼訛言⑬，不戰而走。開元、天寶⑭之際，天下豈不大治？惟其民安於太平之樂，酣豢⑮於遊戲酒食之間；其剛心勇氣，銷耗鈍眊⑯，痿蹶⑰而不復振。是以區區之祿山⑱一出而乘之，四方之民，獸奔鳥竄，乞爲囚虜之不暇。天下分裂，而唐室因以微矣。

蓋嘗試論之：天下之勢，譬如一身，王公貴人所以養其身者，豈不至哉？而其平居常苦於多疾。至於農夫小民，終歲勤苦，而未嘗告病，此其故何也？夫風雨霜露寒暑之變，疾之所由生也。農夫小民，盛夏力作，窮冬暴露，其筋骸之所衝犯，肌膚之所浸漬⑲，輕霜露而狎⑳風雨，是故寒暑不能爲之毒。今王公貴人，處於重屋之下，出則乘輿，風則襲裘㉑，雨則御蓋㉒。凡所以慮患之具，莫不備至。畏之太甚，而養之太過，小不如意，則寒暑入之矣。是以善養身者，使之能逸能勞；步趨動作，使其四體狃㉓於寒暑之變；然後可以剛健強力，涉險而不傷。夫民亦然。

今者治平之日久，天下之人，驕惰脆弱，如婦人孺子，不出於閨門。論戰鬥之事，則縮頸而股慄㉔；聞盜賊之名，則掩耳而不願聽。而士大夫亦未嘗言兵，以爲生事擾民，漸不可長㉕。此不亦畏之太甚，而養之太過歟？

且夫天下固有意外之患也，愚者見四方之無事，則以爲變故無自而有，此亦不然矣。今國家所以奉西北二虜㉖者，歲以百萬計。奉之者有限，而求之者無厭㉗，此其勢必至於戰。戰者必然之勢也，不先於我，則先於彼；不出於西，則出於北。所不可知者，有遲速遠近，而要以不能免也。

天下苟不免於用兵，而用之不以漸，使民於安樂無事之中，一旦出身而蹈死地，則其爲患必有所不測。故曰：天下之民，知安而不知危，能逸而不能勞，此臣所謂大患也。臣欲使士大夫尊尚武勇，講習兵法；庶人之在官者㉘，教以行陣之節㉙；役民之司盜者㉚，授以擊刺之術；每歲終則聚於郡府，如古都試之法㉛，有勝負，有賞罰，而行之既久，則又以軍法從事㉜。然議者必以爲無故而動民，又撓以軍法，則民將不安；而臣以爲此所以安民也。天下果未能去兵，則其一旦將以不教之民而驅之戰。夫無故而動民，雖有小怨，然孰與夫一旦之危哉？

今天下屯聚之兵，驕豪而多怨，陵壓百姓，而邀㉝其上者，何故？此其心，以爲天下之知戰者，惟我而已。如使平民皆習於兵，彼知有所敵，則固以破其奸謀，而折其驕氣。利害之際，豈不亦甚明歟？

〔註　釋〕

① **先王**　指古代賢明的君王。

② **致民田獵以講武**　招集人民田獵來練習武藝。致，招集。田也作畋，獵也。

③ **鐘鼓旌旗**　皆古代指揮軍隊行動之工具。古代作戰，擊鼓而進，鳴鐘而退。旌旗，用以指揮軍隊之行動。

④ **斬刈殺伐**　指攻戰時，以兵器互相砍殺。刈音ㄧˋ，割斷。

⑤ **慴**　恐懼、失氣，音ㄓㄜˊ。

⑥ **迂儒**　言行闊遠，不切事理之儒者，迂音ㄩ。

⑦ **去兵**　解除武備。

⑧ **盛節**　大德、美德。

⑨ **卷甲**　收藏甲兵。卷同捲，收藏也。

⑩ **甲兵頓敝**　鎧甲破損，兵器不銳利。頓通鈍。

⑪ **佚樂**　安逸享樂。佚通逸。

⑫ **卒**　突然。卒通猝，音ㄘㄨˋ。

⑬ **訛言**　散布謠言。訛，僞也，音ㄜˊ。

⑭ **開元、天寶**　均爲唐玄宗年號。

⑮ **酣豢**　沈迷於安樂之中。酣，飲酒而樂。豢，養也，音ㄏㄨㄢˋ。

⑯ **銷耗鈍眊**　日漸耗損，以致勇氣衰竭。鈍眊，即衰老、遲鈍。眊爲耄之本字，老也，音ㄇㄠˋ。

⑰ **痿蹶**　委靡不振。痿，筋肉萎縮，不良於行，音ㄨㄟˇ。蹶，跌倒，音ㄐㄩㄝˊ。

⑱ **祿山**　即安祿山。唐營州柳城胡人，因守邊有功，玄宗時爲節度使。天寶十四年造反，自稱雄武皇帝，國號燕，後爲其子慶緒所弒。

⑲ **浸漬**　本義爲泡水而濕透，引申爲感受。音ㄐㄧㄣˋ ㄗˋ。

⑳ **狎**　輕慢，音ㄒㄧㄚˊ。

㉑ **襲裘**　外加皮衣。襲，衣加於外。裘，皮衣。

㉒ **御蓋**　撐傘。御，用也。蓋，傘也。

㉓ **狃**　習慣，音ㄋㄧㄡˇ。

㉔ **股慄**　兩腿發抖。形容非常恐懼。

㉕ **漸不可長**　以爲用兵乃生事擾民之事，不可令其蔓延擴大。漸，事物發展之開端。

㉖ **西北二虜** 西指西夏。北指遼，即契丹。虜爲北方邊疆民族之稱呼。

㉗ **厭** 滿足。厭通饜，飽足也，音ㄧㄢˋ。

㉘ **庶人之在官者** 在官府服務的人民。

㉙ **行陣之節** 軍隊中作戰的方法

㉚ **役民之司盜者** 擔任捕捉盜賊的服役的人民。

㉛ **古都試之法** 秦漢之制：每年秋後舉行軍中校閱，以考校武藝，以修武備，稱都試。

㉜ **軍法從事** 依照軍法規定實施賞罰。

㉝ **邀** 要求、要挾也。邀通要。

四、書說類

姚姬傳《古文辭類纂・序目》：「書說類者，昔周公之告召公，有〈君奭〉之篇。春秋之世，列國士大夫，或面相告語，或為書相遺，其義一也。戰國說士說其時主，當委質為臣，則入之奏議類；其已去國，或說異國之君，則入此篇。」

按：《文心雕龍・書記篇》：「書者，布也，舒布其言，陳之簡牘也。」書牘為私函，詔令、奏議乃公函，其分別在於公私性質之異，而不在地位上下之分。今人稱書信曰尺牘，即因古代書信之牘皆長一尺。又有札、牒、牋之稱。書牘之文，大之則論政、論道、論學、論文；小之則日常細故，曲折微情，無不可於書中言之。抒情貴眞摯而切當，敘事貴簡要而明白，措詞貴妥適而自然，使情意宣達如分，閱者發生共鳴，乃為佳作。

報燕惠王書

樂　毅

臣不佞①，不能奉承②先王之教③，以順左右④之心，恐抵斧質⑤之罪，以傷先王之明，而又害於足下⑥之義，故遁逃奔趙。自負以不肖之罪，故不敢爲辭說。今王使使者數⑦之罪，臣恐侍御者⑧之不察先王之所以畜幸⑨臣之理，而又不白於臣之所以事先王之心，故敢以書對。

臣聞賢聖之君，不以祿私其親⑩，功多者授之；不以官隨其愛⑪，能當者處之。故察能而授官者，成功之君也；論行而結交者，立名之士也。臣以所學者觀之，先王之舉錯，有高世⑫之心，故假節於魏⑬，以身得察於燕⑭。先王過舉，擢之乎賓客之中，而立之乎群臣之上，不謀於父兄⑮，而使臣爲亞卿⑯。臣自以爲奉令承教，可以幸無罪矣，故受命而不辭。

先王命之曰：「我有積怨深怒於齊⑰，不量輕弱，而欲以齊爲事。」臣對曰：「夫齊，霸國之餘教⑱，而驟勝⑲之遺事也；閑於甲兵，習於戰攻。王若欲伐之，則必舉天下而圖之；舉天下而圖之，莫徑於結趙矣。且又淮北、宋地，楚、魏之所欲也⑳；趙若許，約楚魏韓秦四國，盡力攻之，齊可大破也。」先王曰：「善。」臣乃口受令，具符節，南使臣於趙。顧反命㉑，起兵隨而擊齊。以天之道，先王之靈，河北之地，隨先王舉而有之濟上㉒。濟上之軍，奉令擊齊，大勝之，輕卒銳兵，長驅至國㉓。齊王逃遁而走莒㉔，僅以身免。珠玉財寶，車甲珍器，盡收入燕。大呂陳於元英㉕，故鼎反乎歷室㉖，齊器設於寧臺㉗，薊丘之植，植於汶篁㉘。自五霸以來，功未有及先王者也。先王以爲慊㉙於其志，以臣爲不頓命㉚，故裂地而封之㉛，使之得比乎諸小國諸侯。臣不佞，自以爲奉令承教，可以幸無罪矣，故受命而弗辭。

臣聞賢明之君，功立而不廢，故著於《春秋》㉜；蚤知㉝之士，名成而不毀，故稱於後世。若先生之報怨雪恥，夷萬乘之強國，收八百歲之蓄積㉞，及至棄群臣之日㉟，餘令詔後嗣之遺義，執政任事之臣，所以能循法令，順庶孽㊱者，施及萌隸㊲，皆可以教於後世。臣聞善作者不必善成；善始者不必善終。昔伍子胥說聽乎闔閭㊳，故吳王遠迹至於郢。夫差㊴弗是也，賜之鴟夷㊵

而浮之江。故吳王夫差不悟先論之可以立功，故沈子胥而弗悔；子胥不蚤見主之不同量，故入江而不改。夫免身立功，以明先王之迹者，臣之上計也；離毀辱之非㊶，墮先王之名㊷者，臣之所大恐也，臨不測之罪，以幸爲利者，義之所不敢出也。

臣聞古之君子，交絕不出惡聲㊸。忠臣之去也，不潔其名㊹。臣雖不佞，數奉教於君子矣，恐侍御者之親左右之說，而不察疏遠之行也，故敢以書報，願君之留意焉！

〔註釋〕

① **不佞** 不才、不肖之意，自謙詞。

② **奉承** 承受也。

③ **先王之教** 先王指惠王之父燕昭王。

④ **左右** 近侍臣子。

⑤ **斧質** 古代刑具。斧，一作鈇，斫刀也。質，一作鑕，椹也，斬斫時所借之物。

⑥ **足下** 稱人之敬辭。

⑦ **數** 責備，音ㄕㄨˇ。

⑧ **侍御者** 服從陪從左右之人，不敢斥言惠王而婉稱其左右。

⑨ **畜幸** 畜，畜養收容；幸，寵愛、親近。

⑩ **不以祿私其親** 意謂不把俸祿私自授與親近之人。

⑪ **不以官隨其愛** 意謂不把官位隨意給其喜愛之人。

⑫ **高世** 超過一般流俗。

⑬ **假節於魏** 假借擔任魏國使節之機會。節，符節，古代使臣出使外國所持之信物，所以證明身份。

⑭ **以身得察於燕** 言自身得知舉於燕也。察，同際，音ㄐㄧˋ，有知遇、際遇之意。

⑮ **父兄** 指宗室大臣。

⑯ **亞卿** 古官名，卿位在大夫之上，亞卿次於正卿。

⑰ **我有積怨深怒於齊** 周赧王元年（西元前三一四年），燕國內亂，齊湣王攻燕，殺燕王噲及宰相子之。二年後，燕人叛齊復國，立太子平，是為昭王。昭王即位，欲報殺父亡國之仇。

⑱ **霸國之餘教** 齊桓公嘗九合諸侯，一匡天下，尊王攘夷，爲諸夏盟主。至田齊猶能繼承其霸國之遺風。

⑲ **驟勝** 數勝也。驟，屢次之意，《國策》、《史記》皆作「最」。

⑳ **淮北宋地楚魏之所欲也** 淮北，淮水以北之地。宋地，包括今山東西南境，安徽北部，江蘇西北端，河南東部。淮北、宋地此時皆屬齊。楚欲收復淮北，魏想得宋地

㉑ **顧反命** 視其回至燕國之覆命。顧，視也。

㉒ **濟上** 濟水邊上。

㉓ **國** 指齊國首都臨淄，位於今山東臨淄縣。

㉔ **齊王遁而走莒** 齊王，指湣王，又作閔王。在位四十年，後爲楚將淖齒所殺。

㉕ **大呂陳於元英** 爲齊所劫之大呂鐘，復陳列於燕元英殿。大呂，齊鐘名。元英，燕殿名。

㉖ **故鼎反乎歷室** 爲齊所劫之故鼎，歸返燕歷室宮。歷室，燕宮名，《史記》作「磨室」。

㉗ **齊器設於寧台** 齊國之器用皆陳設於燕之寧台。寧台，燕之台名。

㉘ **薊丘之植植於汶篁** 言燕之所栽植，向來止植於薊丘，今移植於齊之汶篁矣，其地之廣可知。薊丘，燕都。汶，水名。篁，竹田。

㉙ **慊** 滿意、快意也。

㉚ **不頓命** 未敗壞使命也。

㉛ **裂地而封之** 燕昭王以昌國封樂毅，號爲昌國君。

㉜ **春秋** 此處泛指史書而言。魯史稱《春秋》，晉史稱《乘》，楚史稱《檮杌》。

㉝ **蚤知** 先知、遠見。蚤，同早。

㉞ **八百歲之蓄積** 周武王十三年（西元前一一二二年）滅商封呂尚於齊起，至樂毅於周赧王三十一年（西元前二八四年）入齊京，共八百三十一年。蓄積，指儲蓄聚集之財貨寶物。

㉟ **棄群臣之日** 謂燕昭王薨也。

㊱ **順庶孽** 能撫順庶子也。庶孽，庶子，猶樹之有孽生。

㊲ **萌隸** 人民。一作氓隸。

㊳ **伍子胥說聽乎闔閭故吳王遠迹至於郢** 伍子胥，名員。父奢，於周景王二十三年（西元前五二二年），爲楚平王所殺，子胥逃亡至吳，後爲吳破楚，直入郢都，爲父兄報仇，闔閭，吳公子光，自立爲吳王。郢，楚都。

㊴ **夫差** 吳王闔閭世子，周敬王二十五年（西元前四九五年）繼位。

㊵ **鴟夷** 牛皮袋。鴟，音ㄔ。

㊶ **離毀辱之非** 遭受毀辱之誹謗也。離，同罹，遭也。非，《史記》作「誹謗」。

㊷ **墮先王之名** 敗壞先王知人之名。墮，同隳，敗壞，音ㄏㄨㄟ。

㊸ **惡聲** 背後以惡毒之言語辱罵或攻擊對方。

㊹ **不潔其名** 爲自己清譽作辯護而毀謗其君。

報孫會宗書

楊惲

惲材朽行穢，文質無所底②，幸賴先人餘業②，得備宿衛，遭遇時變，以獲爵位③，終非其任，卒與禍會④。足下哀其愚蒙，賜書教督以所不及，殷勤⑤甚厚。然竊恨足下不深惟其終始，而猥⑥隨俗之毀譽也。言鄙陋之愚心，則若逆指而文過⑦；默而息乎⑧，恐違孔氏「各言爾志」之義⑨；故敢略陳其愚，唯君子察焉。

惲家方隆盛時，乘朱輪⑩者十人，位在列卿⑪，爵爲通侯⑫，總領從官，與聞政事。曾不能以此時有所建明⑬，以宣德化，又不能與群僚同心并力，陪輔朝廷之遺忘，已負竊位素餐⑭之責久矣。懷祿貪勢，不能自退，遭遇變故，橫被口語⑮，身幽北闕⑯，妻子滿獄。當此之時，自以夷滅不足以塞責⑰，豈意得全首領，復奉先人之丘墓乎！伏惟⑱聖主之恩，不可勝量。君子遊道，樂以忘憂；小人全軀，說以忘罪。竊自思念，過已大矣，行已虧矣，長爲農夫以沒世⑲矣。是故身率妻子，戮力⑳耕桑，灌園治產，以給公上㉑，不意當復用此爲譏議也。

夫人情所不能止者，聖人弗禁。故君父至尊親，送其終也，有時而既。臣之得罪，已三年矣。田家作苦，歲時伏臘㉒，烹羊炰羔㉓，斗酒自勞。家本秦也，能爲秦聲，婦趙女也，雅善鼓瑟，奴婢歌者數人，酒後耳熱，仰天拊缶㉔而呼烏烏。其詩曰：「田彼南山，蕪穢不治；種一頃豆，落而爲萁。人生行樂耳，須富貴何時㉕！」是日也，拂衣而喜，奮袖低昂，頓足起舞，誠荒淫無度，不知其不可也。

惲幸有餘祿，方糴㉖賤販貴，逐什一之利。此賈豎㉘之事，汙辱之處，惲親行之。下流之人，眾毀所歸，不寒而栗㉘。雖雅知惲者，猶隨風而靡，尚何稱譽之有？董生㉙不云乎：「明明㉚求仁義，常恐不能化民者，卿大夫之意也；明明求財利，常恐困乏者，庶人之事也。」故「道不同不相爲謀」，今子尚安得以卿大夫之制而責僕哉！

夫西河魏土㉛，文侯㉜所興，有段干木田子方㉝之遺風，漂然皆有節槩㉞，知去就之分㉟。頃者足下離舊土，臨安定㊱——安定山谷之間，昆夷㊲舊壤，子弟貪鄙。豈習俗之移人哉？於今迺睹子之志矣。方當盛漢之隆，願勉旃㊳，毋多談！

〔註釋〕

① **文質無所底** 文，指外在華美文彩；質，指內在樸實本質。《論語・雍也》：「質勝文則野，文勝質則史，文質彬彬，然後君子。」底。音ㄓˇ，致也。

② **先人餘業** 楊惲父楊敞嘗爲丞相，惲以父蔭爲郎，補常侍騎。

③ **遭遇時變以獲爵位** 霍光之子禹，及其姪山、雲等謀反，事覺，山、雲自殺，禹被腰斬。（事見《漢書・霍光傳》。）惲因功封爲平通侯。

④ **卒與禍會** 惲與太僕戴長樂相失，長樂上書告惲厲誹謗當世，以主上爲戲語，無人臣禮。詔免爲庶人。

⑤ **殷勤** 待人懇切周到。又作慇懃。

⑥ **猥** 曲也，音ㄨㄟˇ。

⑦**逆指而文過** 違背會宗意旨而文飾己過。指，意也。文，文飾也，音ㄨㄣˋ。《論語・子張》：「小人之過也必文。」

⑧**息乎** 文選作「自守」。

⑨**恐違孔氏各言爾志之義** 《論語・公冶長》：「顏淵季路侍，子曰：『盍各言爾志？』」

⑩**乘朱輪** 以丹漆塗車轂，謂之朱輪。漢制，秩二千石以上之官，得乘朱輪。

⑪**位在列卿** 惲嘗任光祿勳，爲九卿之一。

⑫**爵爲通侯** 漢襲秦法，封功臣爵最尊者爲徹侯，後以避武帝諱，改稱通侯。

⑬**建明** 建，建白也。明，發所未見也。

⑭**竊位素餐** 意謂不稱其職，空食俸祿。《論語・衛靈公》：「臧文仲其竊位者歟！」《詩・魏風・伐檀》：「彼君子兮，不素餐兮。」

⑮**橫被口語** 指爲戴長樂所告發。橫，不順理也，音ㄏㄥˋ。

⑯**身幽北闕** 幽，囚也。《漢書》注：「上章者於公車，有不如法者，以付北軍尉，北軍尉以法罰之。楊惲上書，遂幽北闕，公車門所在也。」

⑰**塞責** 補償罪責也。塞，補也。

⑱**伏惟** 俯伏思惟也，謙敬之詞。

⑲**沒世** 猶言終身。《論語・衛靈公》：「君子疾沒世而名不稱。」

⑳**戮力** 并力也，見《說文》戮字下。

㉑**以給公上** 《漢書》顏師古注：「充縣官之賦斂也。」

㉒**伏臘** 夏伏，冬臘，兩祭名。六月最熱之時為伏日；年終祭百神為臘日。

㉓**炰羔** 去小羊之毛而燒之。炰，同炮，炙肉也。

㉔**拊缶** 拍擊瓦器也。

㉕**田彼南山……須富貴何時** 「田彼南山，蕪穢不治」，喻朝廷荒亂；「種一頃豆，落而為萁」，喻賢人在野而不見用；「人生行樂耳，須富貴何時！」言國既無道，當及時行樂，等富貴到何時？萁，豆莖。須，等待。

㉖**糴** 買穀也，音ㄉㄧˊ。

㉗**賈豎** 賈者買賣之稱。豎，小人也，凡人愚昧無能者以豎詈之。

㉘**不寒而栗** 形容恐懼之甚。栗，竦縮也。栗通慄。

㉙**董生** 董仲舒，漢廣川人。少治《春秋》，景帝時為博士。武帝時，主張罷黜百家，獨崇儒術，帝采之。著有《春秋繁露》。

㉚**明明** 猶煌煌，著明也。

㉛ **西河魏土**　西河，漢郡名，今山西省西北部及綏遠省南部，戰國屬魏。會宗為西河人。

㉜ **文侯**　魏文侯，名斯，受經藝於卜子夏，客遇段干木，師事田子方。

㉝ **段干木田子方**　段干木，晉人，守道不仕。田子方，魏人，魏文侯師事之。

㉞ **漂然有節槩**　漂然，高遠貌。《文選》作「凜然」。槩，平斗斛之器也，引申為度量。

㉟ **去就之分**　去就，去留也。分，宜守之界限也，音ㄈㄣˋ。

㊱ **安定**　漢郡名，今甘肅平涼。時會宗為安定太守。

㊲ **昆夷**　西戎也。《孟子・梁惠王》：「文王事昆夷。」

㊳ **旃**　「之焉」二字之合音，音ㄓㄢ。

答司馬諫議書

王安石

某啓：昨日蒙教，竊以爲「與君實①游處相好之日久，而議事每不合」，所操之術多異故也。雖欲強聒②，終必不蒙見察，故略上報，不復一一自辨。重念蒙君實視遇③厚，於反覆不宜鹵莽④，故今具道所以，冀君實或見恕也。

蓋儒者所爭，尤在於名實⑤；名實已明，而天下之理得矣。今君實所以見教者，以爲侵官⑥、生事⑦、征利⑧、拒諫，以致天下怨謗也。某則以爲受命於人主，議法度而修之於朝廷，以授之於有司⑨，不爲侵官；舉先王之政，以興利除弊，不爲生事；爲天下理財，不爲征利；闢⑩邪說，難壬人⑪，不爲拒諫。至於怨誹之多，則固前知其如此也。人習於苟且非一日，士大夫多以不恤國事，同俗自媚於眾爲善。上乃欲變此；而某不量敵之眾寡，欲出力助上以抗之，則眾何爲而不洶洶⑫？然盤庚之遷⑬，胥⑭怨者民也，非特朝廷士大夫而已。盤庚不爲怨者故，改其度；度義⑮而後動；是而不見可悔故也。

如君實責我以在位久，未能助上大有爲，以膏澤⑯斯民，則某知罪矣。如曰今日當一切不事事⑰，守前所爲而已，則非某之所敢知。無由會晤，不任⑱區區⑲向往之至。

〔註釋〕

①**君實** 司馬光字。宋神宗時爲諫議大夫。

②**強聒** 勉強辯解。多聲亂耳爲聒，音ㄍㄨㄚ。

③**視遇** 看待。

④**反覆不宜鹵莽** 往還辯論之間不應粗率。鹵莽，粗率也。

⑤**名實** 名爲事物之名稱，實乃事物之事實。名與實必須符合相稱。

⑥**侵官** 侵越職權。

⑦**生事** 無故而生事端，指安石新法而言。

⑧**征利** 征取利益。征，取也。《孟子・梁惠王》：「上下交征利而國危矣。」

⑨**有司** 官吏之通稱。職有專司，故曰有司。

⑩ **闢** 駁斥。

⑪ **難壬人** 責備、抗拒佞人。難，詰責、抗拒，音ㄋㄢˋ。壬人，佞人也。

⑫ **洶洶** 喧擾也。

⑬ **盤庚之遷** 盤庚，商朝王名。商自祖乙都耿，迄盤庚，以黃河泛濫，欲遷於殷，而世族小民皆有怨言，盤庚乃曉以遷都之利，不遷之害。《尚書》有〈盤庚〉三篇。

⑭ **胥** 皆也。

⑮ **度義** 計度合宜之事理。度，計度也。度音ㄉㄨㄛˋ。

⑯ **膏澤** 布施德澤。

⑰ **事事** 做事也。上事字爲動詞；下事字爲名詞。

⑱ **不任** 不勝，不盡也。任音ㄖㄣˋ。

⑲ **區區** 愛戀也。《古詩》：「一心抱區區，恐君不識察。」

上樞密①韓太尉②書

蘇轍

太尉執事③：

轍生好爲文，思之至深，以爲文者氣之所形④。然文不可以學而能，氣可以養而致。孟子曰：「我善養吾浩然之氣。」今觀其文章⑤，寬厚宏博，充乎天地之間，稱其氣之小大。太史公⑥行天下，周覽四海名山大川，與燕趙⑦間豪俊交遊，故其文疏蕩⑧，頗有奇氣。此二子者，豈嘗執筆學爲如此之文哉？其氣充乎其中，而溢乎其貌⑨，動乎其言，而見乎其文，而不自知也。

轍生十九年矣。其居家所與遊者，不過其鄰里鄉黨⑩之人；所見不過數百里之間，無高山大野，可登覽以自廣。百氏之書⑪，雖無所不讀，然皆古人之陳迹，不足以激發其志氣。恐遂汩沒⑫，故決然捨去，求天下奇聞壯觀，以知天地之廣大。過秦漢之故都⑬，恣觀終南嵩華⑭之高；北顧黃河之奔流，慨然想見古之豪傑。至京師⑮，仰觀天子宮闕之壯，與倉廩府庫，城池苑囿⑯之富且大也，而後知天下之巨麗。見翰林歐陽公⑰，聽其議論之宏辯，觀其容貌之秀偉，與其門人賢士大夫遊，而後知天下之文章聚乎此也。太尉以才略冠天下，天下之所恃以無憂，四夷之所憚以不敢發，入則周公召公⑱，出則方叔召虎⑲，而轍也未之見焉。且夫人之學也，不志其大，雖多而何爲？轍之來也，於山見終南嵩華之高，於水見黃河之大且深，於人見歐陽公，而猶以爲未見太尉也。故願得觀賢人之光耀，聞一言以自壯，然後可以盡天下之大觀而無憾者矣。

轍年少，未能通習吏事，嚮之來，非有取於斗升之祿⑳；偶然得之，非其所樂。然幸得賜歸待選㉑，使得優遊數年之間，將以益治其文，且學爲政。太尉苟以爲可教而辱㉒教之，又幸矣！

〔註　釋〕

① **樞密**　宋代樞密院掌軍國機務及邊防兵戎諸事，主其事者爲樞密使。

② **韓太尉**　即韓琦，安陽人，嘉祐元年任樞密使，與歐陽修同朝。樞密使之職權猶如漢代

之太尉，故書中以太尉稱之。

③ **執事** 書信中對人之尊稱，與左右同義。

④ **文者氣之所形** 意謂文章乃作者氣質、氣度之表現。氣，指氣質、氣度、胸襟。形，具體表現。曹丕《典論論文》：「文以氣為主。」

⑤ **浩然之氣** 《孟子・公孫丑篇》：「其為氣也，至大至剛，以直養而無害，則塞於天地之間。其為氣也，配義與道，無是，餒也。」

⑥ **太史公** 官名，即太史令，後世則專稱《史記》作者司馬遷。

⑦ **燕趙** 戰國時代國名，位於今河北、山西一帶。

⑧ **疏蕩** 氣勢豪放、恢宏。

⑨ **溢乎其貌** 溢，流露。貌，指外表。

⑩ **鄰里鄉黨** 鄉里之統稱。古代地方制度：五家為鄰，五鄰為里，五百家為黨，萬二千五百家為鄉。

⑪ **百氏之書** 指諸子百家之書。

⑫ **汩沒** 湮沒，沈沒。汩，音ㄍㄨˇ。

⑬ **秦漢故都** 秦都咸陽，今陝西省咸陽縣。西漢都長安，今陝西省長安縣。東漢都洛陽，

今河南省洛陽縣。

⑭ **恣觀終南嵩華** 恣，盡情。終南，即終南山，位於陝西省長安縣南。嵩，即嵩山，位於河南省登封縣北。華，即華山，位於陝西省華陰縣南。

⑮ **京師** 指北宋首都汴京，今河南省開封縣。

⑯ **苑囿** 養禽獸之地。《說文》段注：「古謂之囿，漢謂之苑也。」

⑰ **翰林歐陽公** 翰林，本謂文翰之多若林也，唐以後因以名文學侍從之官。歐陽公，指歐陽修。

⑱ **周公召公** 周公旦，召公奭，皆周文王之子，武王之弟。武王歿，成王年幼，周公、召公共同輔政。

⑲ **方叔召虎** 皆周宣王卿士。方叔伐玁狁有功，召虎平淮夷有功。

⑳ **斗升之祿** 菲薄之俸祿，意同斗斛之祿。

㉑ **待選** 等待選拔錄用。

㉒ **辱** 屈辱，書信中常用之謙詞。

五、贈序類

姚姬傳《古文辭類纂・序目》曰：「贈序類者，老子曰：『君子贈人以言。』顏淵、子路之違，則以言相贈處；梁王觴諸侯於范台，魯君擇言而進。所以致敬愛，陳忠告之誼也。唐初贈人，始以序名，作者亦眾。至於昌黎，乃得古人之意，其文冠絕前後作者。蘇明允之考名序，故蘇氏諱序，或曰引，或曰說，今悉依其體編之於此。」

按：贈序本爲贈別之詩歌作序，原出序跋，其後乃有無詩而作序者，實爲序跋之變體。作序贈人者既多，且十之九不爲贈別之詩作序，贈序乃脫離序跋之附庸而獨立爲一類。其文用以贈言忠告、致敬愛之意，或道惜別之情，故其性質已遠於序跋而近於書牘。老蘇送石昌言北使改序爲引，蓋避其先君之諱。若韓愈〈愛直〉，歸有光〈守耕說〉。雖無序名。亦屬序類。

自贈序引伸而出者尚有壽序。此類文章元代已有之，至明始盛。追溯其初，亦爲祝壽詩作序，如明李東陽壽左都御史閔朝瑛七十詩序，其後亦如贈序，無詩而徒作序。清末，壽序之外，又有賀序、結婚有序、得科名有序、升官有序、新造房屋亦有序，所謂序乃成極俗極濫之應酬文。

送李愿①歸盤谷序

韓　愈

太行之陽②有盤谷③。盤谷之間，泉甘而土肥，草木④藂茂，居民鮮少。或曰：「謂其環兩山之間，故曰盤。」或曰：「是谷也，宅⑤幽而勢阻⑥，隱者之所盤旋⑦。」友人李愿居之。

愿之言曰：「人之稱大丈夫者，我知之矣。利澤⑧施於人，名聲昭⑨於時。坐於廟朝⑩，進退百官⑭，而佐天子出令。其在外，則樹旗旄⑫，羅弓矢，武夫前呵⑬，從者塞途，供給之人，各執其物，夾道而疾馳。喜有賞，怒有刑。才畯⑭滿前，道古今而譽盛德⑮，入耳而不煩。曲眉豐頰⑯，清聲而便體⑰，秀外而惠中⑱，飄輕裾⑲，翳長袖⑳，粉白黛綠㉑者，列屋而閒居，妒寵而負恃㉒，爭妍而取憐㉓。大丈夫之遇知於天子，用力於當世者之所爲也。吾非惡此而逃之，是有命焉，不可幸而致也。」

「窮居而野處，升高而望遠；坐茂樹以終日，濯清泉以自潔；採於山，美可茹㉔；釣於水，鮮可食。起居無時，惟適之安。與其有譽於前，孰若無毀於其後㉕；與其有樂於身，孰若無憂於其心。車服不維㉖，刀鋸不加㉗；理亂不知，黜陟㉘不聞。大丈夫不遇於時者之所爲也，我則行之。」

「伺候於公卿之門，奔走於形勢㉙之途，足將進而趦趄，口將言而囁㉛嚅，處汙穢而不羞，觸刑辟㉜而誅戮，徼倖於萬一，老死而後止者，其於爲人賢不肖何如也？」

昌黎㉝韓愈，聞其言而壯之。與之酒，而爲之歌曰：「盤之中維子之宮㉞。盤之土可以稼㉟。盤之泉可濯可沿。盤之阻誰爭子所？窈而深廓其有容㊱；繚而曲如往而復㊲。嗟盤之樂兮樂且無央㊳；虎豹遠跡兮蛟龍遁藏；鬼神守護兮呵禁不祥㊴。飲且食兮壽而康，無不足兮奚所望？膏吾車㊵兮秣吾馬㊶，從子於盤兮終吾生以徜徉㊷。」

〔註釋〕

① **李愿** 甘肅人，生平不詳。

②**太行之陽** 太行山起自河南濟源縣，橫亙河南、河北、山西等省。陽，山南水北爲陽。

③**盤谷** 位於河南省濟源縣北二十里，風景絕佳，有李愿遺跡。

④**藂** 同叢，聚集叢生。

⑤**宅** 所處位置。

⑥**勢阻** 地勢阻塞難通。

⑦**盤旋** 逗留不進，意同盤桓。

⑧**利澤** 利益恩惠。

⑨**昭** 顯耀。

⑩**廟朝** 宗廟朝廷。

⑪**進退百官** 升降任免百官。

⑫**旄** 竿上飾有犛牛尾之旗。旄，音ㄇㄠˊ。

⑬**武夫前呵** 古時權貴出門，武侍前行喝導，使行者讓路。呵。呼喝，音ㄏㄜ。

⑭**才畯** 才能出衆之士。畯，同俊。

⑮**道古今而譽盛德** 引述古今盛事讚譽其美德。

⑯**曲眉豐頰** 兩眉彎曲，面頰豐潤。

⑰ **清聲而便體** 聲音清脆，體態輕盈。便，輕盈，輕巧，音ㄆㄧㄢˊ。

⑱ **秀外而惠中** 外表秀麗，內心聰明。惠，通慧，聰明。

⑲ **飄輕裾** 古時富貴女子，穿著輕軟綺羅，行走間，衣襟隨風飄揚。裾，衣襟，音ㄐㄩ。

⑳ **翳長袖** 以長袖遮面，形容女人嬌羞之態。翳，遮蔽也。

㉑ **粉白黛綠** 借指女人。黛，深青色顏料，女子用以畫眉。

㉒ **妒寵而負恃** 妒寵，忌妒別人受寵。負恃，仗恃自己美貌而負氣。

㉓ **爭妍而取憐** 相互比美以博取主人憐愛。

㉔ **茹** 吃，音ㄖㄨˊ

㉕ **與其…孰若** 比較連詞，比較兩件之得失時用之。

㉖ **車服不維** 車服不用計度，不受限制。古代官吏貴人之車服，皆有一定制度。

㉗ **刀鋸不加** 不會獲罪受刑。刀鋸，刑具。

㉘ **黜陟** 黜，貶降，音ㄔㄨˋ。陟，升遷，音ㄓˋ。

㉙ **形勢** 指人事上強弱盛衰之形勢。此指權勢。

㉚ **趦趄** 欲行不行貌。音ㄗ ㄐㄩ。

㉛ **囁嚅** 欲言不言貌。音ㄋㄧㄝˋ ㄖㄨˊ。

㉜ **刑辟**　刑罰。辟，刑也。

㉝ **昌黎**　昌黎爲韓愈郡望，非其籍貫。唐人重視郡望，故稱人、自稱多稱郡望。

㉞ **宮**　屋室。《爾雅》：「古者貴賤皆稱宮，秦漢以來，惟王者所居稱宮。」

㉟ **稼**　種穀。爲叶韻應讀古音ㄍㄨˇ。

㊱ **窈而深廓其有容**　深遠而闊，容量很大。窈，深遠，音ㄧㄠˇ。廓其，猶廓然，空大貌。

㊲ **繚而曲如往而復**　迴環曲折，看似走出去，卻又走回來。繚，纏繞。

㊳ **無央**　無窮盡。

㊴ **呵禁不祥**　呵禁，斥責禁止。呵，音ㄏㄜ。不祥，不祥之物，指山鬼物魅等。

㊵ **膏吾車**　出發前油潤車軸，使車輕快。膏，潤澤。

㊶ **秣吾馬**　秣，飼馬穀物，音ㄇㄛˋ，此處作喂解。

㊷ **徜徉**　逍遙自在貌，音ㄔㄤˊ ㄧㄤˊ。

送徐無黨①南歸序

歐陽修

草木鳥獸之爲物，衆人之爲人，其爲生雖異，而爲死則同，一歸於腐壞澌盡泯滅②而已。而衆人之中，有聖賢者，固亦生且死於其間，而獨異於草木鳥獸衆人者，雖死而不朽，逾遠而彌存也。其所以爲聖賢者，修之於身，施之於事，見之於言，是三者所以能不朽而存也③。

修於身者，無所不獲；施於事者，有得有不得焉；其見於言者，則又有能有不能也。施於事矣，不見於言可也。自詩書史記所傳，其人豈必皆能言之士哉？修於身矣，而不施於事，不見於言，亦可也。孔子弟子，有能政事者矣，有能言語者矣④。若顏回⑤者，在陋巷⑥曲肱飢臥⑦而已；其群居則默然終日如愚人⑧。然自當時群弟子皆推尊之，以爲不敢望而及⑨。而後世更百千歲，亦未有能及之者。其不朽而存者，固不待施於事，況於言乎？

予讀班固〈藝文志〉⑩，唐《四庫書目》⑪，見其所列，自三代秦漢以來，著書之士，多者至百餘篇，少者猶三、四十篇，其人不可勝數；而散亡磨滅，百不一、二存焉。予竊悲其人，文章麗矣，言語工矣，無異草木榮華⑫之飄風，鳥獸好音之過耳也。方其用心與力之勞，亦何異眾人之汲汲營營⑬，而忽然以死者，雖有遲有速，而卒與三者⑭同歸於泯滅，夫言之不可恃也蓋如此。今之學者，莫不慕古聖賢之不朽，而勤一世以盡心於文字間者，皆可悲也！

東陽⑮徐生，少從予學為文章，稍稍見稱於人，既去，而與群士試於禮部⑯，得高第；由是知名。其文辭日進，如水涌而山出。予欲摧其盛氣而勉其思也，故於其歸，告以是言。然予固亦喜為文辭者，亦因以自警焉。

〔註　釋〕

① **徐無黨**　浙江永康人，從修學古文辭，嘗為修注《五代史》，皇祐中登進士第，為郡教授以卒。

② **澌盡泯滅**　澌，消盡為澌。泯滅，消滅淨盡。

③**修之於身…所以能不朽而存也**　《左傳・襄公二十四年》：「太上有立德，其次有立功，其次有立言。雖久而不廢，此之謂不朽。」修之於身為立德，施之於事為立功，見之於言為立言。見，音ㄒㄧㄢ，表現之意。

④**孔子弟子有能政事者矣有能言語者矣**　《論語・先進》：「子曰：『從我於陳蔡者，皆不及門也。德行：顏淵、閔子騫、冉伯牛、仲弓；言語：宰我、子貢；政事：冉有、季路；文學：子游、子夏。』」

⑤**顏回**　春秋魯人，字子淵，亦稱顏淵，孔子弟子。敏而好學，聞一知十，不遷怒，不貳過；貧居陋巷，簞食瓢飲，而不改其樂，孔子稱其賢，早卒，後世尊為復聖。

⑥**在陋巷**　王念孫謂陋巷指所居之室，古時里中道曰巷，人所居亦謂之巷。

⑦**曲肱飢臥**　謂彎曲著臂膀作枕頭睡覺。飢臥，忍飢空臥。皆形容其生活之貧窮簡陋。

⑧**默然終日如愚人**　《論語・為政》：子曰：「吾與回言終日，不違如愚。」

⑨**當時群弟子…不敢望而及**　《論語・公冶長》：「子謂子貢曰：『女與回也孰愈？』對曰：『賜也何敢望回？回也聞一以知十；賜也聞一以知二。』」

⑩**班固藝文志**　班固，字孟堅，東漢扶風安陵人。固撰《漢書》百二十卷，〈藝文志〉乃書中八志之一，皆當時所存之典籍，依劉向七略為之。

⑪ **唐四庫書目** 唐分經、史、子、集四類，而藏書之盛，莫盛於開元，其著錄者五萬三千九百十五卷；而唐之學者自爲之書，又二萬八千四百六十九卷。

⑫ **榮華** 植物之花。《爾雅·釋草》：「木謂之榮，草謂之華。」華，音ㄏㄨㄚ，花之古字。

⑬ **汲汲營營** 急迫追求名利貌。汲汲，不息貌。營營，往來貌。

⑭ **三者** 指草木、鳥獸、衆人。

⑮ **東陽** 地名，今浙江永康縣。

⑯ **禮部** 古官署名稱，六部之一。唐以來之科舉、會試由禮部主持，其職掌似今之考試院、教育部。

送石昌言北使引

蘇　洵

昌言①舉進士②時，吾始數歲，未學也。憶與群兒戲先府君③側，昌言從旁取棗栗啖④我，家居相近，又以親戚故甚狎⑤。昌言舉進士，日有名。吾後漸長，亦稍知讀書，學句讀⑥屬對⑦聲律⑧，未成而廢；昌言聞吾廢學，雖不言，察其意甚恨。後十餘年，昌言及第第四人，守官四方，不相聞。吾日以壯大，乃能感悔，摧折⑨復學。又數年，遊京師⑩，見昌言長安⑪，相與勞問，如平生歡；出文十數首，昌言甚喜稱善。吾晚學無師，雖日爲文，中心自慚；及聞昌言說，乃頗自喜。

今十餘年，又來京師，而昌言官兩制⑫，乃爲天子出使萬里外強悍不屈之虜庭⑬，建大旆⑭，從騎數百，送車千乘，出都門，意氣慨然⑮。自思爲兒時，見昌言先府君旁，安知其至此？富貴不足怪，吾於昌言獨自有感也。大丈夫生不爲將，得爲使，折衝口舌之間⑯足矣。

往年彭任⑰從富公⑱使還，爲我言曰：「既出境，宿驛亭⑲，聞介⑳馬數萬騎馳過，劍槊㉑相摩，終夜有聲，從者怛然失色㉒；及明，視道上馬跡，尚心掉不自禁㉓。」凡虜所以誇耀中國者，多此類也；中國之人不測㉔也，故或至於震懼而失辭㉕，以爲夷狄笑。嗚呼！何其不思之甚也！昔者奉春君使冒頓㉖，壯士大馬，皆匿不見，是以有平城之役。今之匈奴，吾知其無能爲也。孟子曰：「說大人，則藐之㉗，」況於夷狄！請以爲贈。

〔註釋〕

① **昌言** 石揚休，字昌言，其先世江都人，後徙眉州。善爲詩，有名於時，終知制誥。

② **舉進士** 應進士試也。唐宋時凡舉人應試於禮部者，皆稱舉進士。

③ **先府君** 漢人稱郡守爲府君，後世子孫尊稱其先人亦曰府君。此指作者之父，名序，字仲先。

④ **啖** 以物食人，音ㄉㄢˋ。

⑤ **狎** 親近也。

⑥**句讀** 凡成文語絕之處謂之句；語未絕而點分之以便誦詠謂之讀。讀，音ㄉㄡˋ。

⑦**屬對** 聯綴文字使成對偶。屬，連也，音ㄓㄨˇ。對，對偶也。

⑧**聲律** 聲，指聲調。律，謂格律。聲律之說，始於齊梁間沈約等，影響唐代文學至為深鉅，近體律絕平仄格律，由此而生。後人學作詩詞，必先學聲律。

⑨**摧折** 義如折節，改變平日志向。摧猶折也，同義複詞。

⑩**京師** 北宋首都河南開封。

⑪**長安** 作者由蜀至京師，路經長安。

⑫**兩制** 謂內制與外制也。唐宋以翰林學士掌內制，亦稱內命，天子制旨詔命之不徑外朝者，如后妃、親王、宰相、節度除拜之制誥是。外制，天子制旨詔命之宣布於外朝者，如除拜百官之制誥是。

⑬**虜庭** 指契丹。稱敵人曰虜。昌言於仁宗嘉祐元年八月為契丹國母生辰使。

⑭**建大旆** 建，樹立。旆，旗也，音ㄆㄟˋ。

⑮**意氣慨然** 意志氣慨，慷慨豪壯。

⑯**折衝口舌之間** 此謂使者能以口舌之力，折止敵人之衝突，而收禦侮之功也。《詩・大雅・綿傳》：「折衝曰禦侮。」

⑰ **彭任**　字有道，蜀人，仁宗慶曆二年富弼報使契丹，任自請從行。

⑱ **富公**　富弼，字彥國，宋河南人，慶曆初，知制誥，嘗出使契丹，還拜樞密使。至和初，與文彥博並相，世稱富文。英宗時，封鄭國公，後封韓國公，卒謚文忠。

⑲ **驛亭**　古昔以傳車、驛騎傳達官文書，行旅止息之所謂之驛亭。

⑳ **介馬**　披甲騎馬也。介，甲也。

㉑ **槊**　《正字通》：「矛長丈八謂之槊。」槊，音ㄕㄨㄛˋ。

㉒ **怛然失色**　怛然，驚懼貌。怛，音ㄉㄚˊ。失色，面容變色也。

㉓ **心掉不自禁**　因恐懼而心中動搖不能自制，心有餘悸也。掉，動搖也。

㉔ **不測**　不能預知。

㉕ **失辭**　言辭不妥善。

㉖ **奉春君使冒頓**　漢劉敬，齊人，本姓婁，賜姓劉，拜爲郎中，號爲奉春君。嘗出使匈奴。冒頓，音ㄇㄛˋ ㄉㄨˊ，匈奴單于之名。

㉗ **說大人則藐之**　《孟子‧盡心篇》：「說大人則藐之，勿視其巍巍然。」說，音ㄕㄨㄟˋ。大人，指有權勢之人。藐，輕視之也。

送東陽馬生序

宋濂

余幼時即嗜學。家貧，無從致書以觀，每假借於藏書之家、手自筆錄，計日以還。天大寒，硯冰堅，手指不可屈伸，弗之怠。錄畢，走送之，不敢稍逾約。以是人多以書假余，余因得遍觀群書。既加冠①，益慕聖賢之道；又患無碩師、名人與遊，嘗趨百里外，從鄉之先達②執經叩問。先達德隆望尊，門人弟子塡其室，未嘗稍降辭色③。余立侍左右，援疑質理④，俯身傾耳以請；或遇其叱咄⑤，色愈恭，禮愈至，不敢出一言以復；俟其忻悅，則又請焉。故余雖愚，卒獲有所聞。

當余之從師也，負篋、曳屣⑥，行深山巨谷中。窮冬烈風，大雪深數尺，足膚皸裂⑦而不知。至舍，四肢僵勁不能動，媵人⑧持湯沃灌，以衾擁覆，久而乃和。寓逆旅主人，日再食⑨，無鮮肥滋味之享。同舍生皆被綺繡⑩，戴珠纓寶飾之帽，腰白玉之環，左佩刀，右備容臭⑪，燁然⑫若神人；余則縕袍敝衣處其間，略無慕豔意。以中有足樂者，不知口體之奉不若人也。蓋余之勤且艱若此。……

今諸生學於太學，縣官⑬日有廩稍⑭之供，父母歲有裘葛⑮之遺，無凍餒之患矣；坐大廈之下而誦詩書，無奔走之勞矣；有司業、博士⑯爲之師，未有問而不告，求而不得者也；凡所宜有之書，皆集於此，不必若余之手錄，假諸人而後見也。其業有不精，德有不成者，非天質之卑，則心不若余之專耳，豈他人之過哉！

東陽⑰馬生君則，在太學已二年，流輩甚稱其賢。余朝京師，生以鄉人子謁⑱余。譔長書以爲贄⑲，辭甚暢達；與之論辯，言和而色怡；自謂少時用心於學甚勞：是可謂善學者矣！其將歸見其親也，余故道爲學之難以告之。……

〔註　釋〕

① **加冠**　古時男子年滿二十歲行加冠禮，表示成年。

② **先達**　指有學問、道德的前輩，以其先我達於道，故稱先達，或稱先進。

③**辭色** 言辭和臉色。

④**援疑質理** 提出疑惑，叩問道理。援，引也。質，問也。

⑤**叱咄** 怒斥聲。音ㄔˋ ㄉㄨㄛˋ。

⑥**負篋曳屣** 背著書箱，拖著鞋子。篋，箱也，音ㄑㄧㄝˋ。曳，拖也，音ㄧˋ。

⑦**皸裂** 裂開。皸，裂也，音ㄐㄩㄣ。

⑧**媵人** 婢妾之人。媵音ㄧㄥˋ。

⑨**日再食** 每日只吃兩餐。

⑩**被綺繡** 穿著華美之衣服。被，穿也，音ㄆㄧ。綺，繒之有文彩者，音ㄑㄧˇ。繡，以絲刺為五彩之文。

⑪**容臭** 香囊。臭音ㄒㄧㄡˋ。

⑫**燁然** 光彩貌。燁音ㄧㄝˋ。

⑬**縣官** 本指天子，亦指朝廷。《史記・絳侯世家》：「庸知其盜買縣官器。」《索隱》：「縣官，謂天子也。」

⑭**廩稍** 官府供給之糧食，又稱廩食。

⑮**裘葛** 指一年四季所穿的衣服。裘，皮衣。葛，用葛織成之衣物，宜夏天穿用。

⑯ **司業、博士** 明朝國子監官名。《明史・職官志》：「明代國子監設司業一人，掌圖書及諸生訓導；五經博士五人，每位博士專教一經，兼習《四書》。

⑰ **東陽** 今浙江省東陽縣。

⑱ **謁** 進見，音ㄧㄝˋ。

⑲ **贄** 初次見面之禮物。贄音ㄓˋ。

六、詔令類

姚姬傳《古文辭類纂・序目》曰：「詔令類者，原於尚書之誓誥。周之衰也，文告猶存，昭王制，肅強侯，所以悅人心而勝於三軍之眾，猶有賴焉。秦最無道，而辭則偉。漢至文景，意與辭俱美矣，後世無以逮之。光武以降，人主雖有善意，而辭氣何其衰薄也。檄令皆諭下之辭，韓退之〈祭鱷魚文〉，檄令類也，故悉附之。」

按：劉、姚、曾三氏，皆以尚書誓誥為詔令類之起源。誓，乃告誡軍旅之下行公文，如〈湯誓〉、〈牧誓〉。誥，為告諸侯或民眾關於行政之下行文，如〈大誥〉、〈洛誥〉。詔，則始於周文王詔牧、詔太子發二篇。漢有制詔之名。唐初制詔並用，武后名曌，避其諱，故改詔稱制。諭，漢高祖有入關誥諭，後世出自天子者謂之上諭，官府布告民眾則但曰諭而已。命令，命令本同義，《尚書》之〈說命〉、〈冏命〉則以命官，〈微子之命〉、〈蔡仲之命〉則以封爵，戰國概謂之令。

教，臣下對其屬吏用之，如諸葛亮〈與群下教〉。

敕，有戒敕之義。唐廢置州縣，增減官吏，發兵除官，謂之發敕；答百官奏請，謂之敕旨；戒約臣下，謂之敕書；隨事承制，謂之敕牒；宋有敕牓、敕命。

策，用以封爵，如漢武帝〈封齊王策〉；有用以策問者，如漢武帝〈賢良策〉。

璽書，為非正式之詔令，如漢光武帝〈賜竇融璽書〉。

檄，始於張儀〈檄楚相〉，司馬相如有〈喻巴蜀檄〉。其後多用於軍旅討伐之事，如陳琳為袁紹〈討曹操檄〉。與檄類似者為露布，如賈洪為馬超作〈討曹操露布〉。

冊書，亦曰策書。徐師曾《文體明辨》分十一類：

㈠祝冊，郊祀祭享用之。

㈡玉冊，上尊號於帝后用之。

㈢立冊，立帝后及太子用之。

㈣封冊，封諸王用之。

㈤哀冊，遷帝后梓宮及太子、諸王、大臣死時用之。

㈥贈冊，追贈死後大臣用之。

(七)諡册，賜大臣諡號用之。
(八)贈諡册，兼上二者用之。
(九)祭册，大臣死，賜祭時用之。
(十)賜册，賜臣下時用之。
(土)免册，赦免時用之。
鐵卷，以鐵券鑄詞丹書以賜功臣，始於漢高祖。
九錫，爲國家優待功臣之殊典。
批，對下屬公文之批示，始於唐。
判，判曲直之公文，猶現在司法官之判詞。

求賢詔

漢高祖

蓋聞王者莫高於周文，伯①者莫高於齊桓，皆待賢者而成名。今天下賢者智能，豈特②古之人乎？患在人主不交故也。士奚由進？今吾以天之靈，賢士大夫，定有天下，以爲一家，欲其長久，世世奉宗廟亡③絕也。賢人已與我共平之矣，而不與吾共安利之，可乎？賢士大夫有肯從我游者，吾能尊顯之。布告天下，使明知朕意。御史大夫昌下相國④，相國酇侯⑤下諸侯王；御史中執法⑥下郡守。其有意稱明德⑦者，必身勸，爲之駕，遣詣相國府，署行義年⑧。有而弗言，覺免。年老癃⑨病，勿遣。

〔註　釋〕

①**伯**　通霸，音ㄅㄚˋ。

②**豈特**　猶白話「豈只是」，可改用「豈直」、「豈徒」、「豈獨」。

③ **亡** 通無，音ㄨˊ。

④ **御史大夫昌下相國** 御史，官名，漢時位列三公，掌圖書祕籍兼司糾察，其屬有御史中丞。昌，周昌，沛人，後封汾陰侯。相國，官名，位尊於丞相，漢初朝廷及王國亦置之，如漢呂后拜丞相蕭何爲相國，高帝拜彭越爲魏相國等是。

⑤ **酇侯** 指蕭何，沛人，爲高祖劉邦同鄉，佐高祖平定天下，功列第一。

⑥ **御史中執法** 即御史中丞，爲御史大夫屬官。

⑦ **意稱明德** 意稱，即懿稱，美稱也。意，同懿。明德，光明之德也。

⑧ **署行義年** 署，書。行，履歷。義，同儀，儀容。年，年齡。

⑨ **癃** 音ㄌㄨㄥˊ，年老曲背，無能力工作者。

令二千石修職詔

漢景帝

雕文刻鏤①，傷農事者也；錦繡纂組②，害女紅③者也。農事傷，則飢之本也；女紅害，則寒之原也。夫飢寒並至，而能亡④爲非者寡矣！朕親耕，后親桑，以奉宗廟粢盛⑤祭服，爲天下先。不受獻，減太官⑥，省繇賦⑦，欲天下務農蠶，素有畜積，以備災害；彊毋攘⑧弱，眾毋暴寡，老耆⑨以壽終，幼孤得遂⑩長。今歲或不登⑪，民食頗寡，其咎安在？或詐僞爲吏，吏以貨賂爲市⑫，漁奪⑬百姓，侵牟⑭萬民。縣丞⑮，長吏也，姦法⑯與盜盜⑰，甚無謂⑱也！其令二千石各修其職。不事官職耗⑲亂者，丞相以聞，請其罪！布告天下，使明知朕意。

〔註釋〕

① **雕文刻鏤** 文，花紋，文采。鏤，可供雕刻之金屬。《左傳・哀公元年》：「器不雕

鏤。」

② **錦繡纂組** 錦繡，皆精麗之服飾用品。纂組，赤色絲帶；組，窄者作冠纓，寬者可繫佩玉。

③ **女紅** 猶女工，謂女子之工作也，指採桑養蠶織布裁衣等。紅，音ㄍㄨㄥ。

④ **亡** 同無。

⑤ **粢盛** 祭祀所用之穀米。粢，音ㄗ，黍稷；一云穀類之總名。盛，音ㄔㄥˊ，將祭米放於祭器內。

⑥ **太官** 掌皇帝飲食之官。

⑦ **傜賦** 傜，役也，徵民伕供勞力。賦，稅。

⑧ **攘** 侵奪。

⑨ **耆** 音ㄑㄧˊ，八十曰耆。

⑩ **遂** 成也。

⑪ **登** 成也。《禮・曲禮》：「五穀不登」。

⑫ **以貨賂爲市** 貨賂，財物。市，交易。

⑬ **漁奪** 似漁獵般奪人財物。

⑭**侵牟** 剝削、侵害也。牟，本食苗根之害蟲，引伸為如牟蟲害苗般害人。

⑮**縣丞** 縣令之佐，爲屬吏之首領，故稱長吏。長，音ㄓㄤˇ。

⑯**姦法** 因法作奸。

⑰**與盜盜** 與強盜一同爲盜。

⑱**甚無謂** 猶言太無道理。

⑲**秏** 同眊，音ㄇㄠˋ，不明也。

七、傳狀類

姚姬傳《古文辭類纂．序目》曰：「傳狀類者，雖原於史氏，而義不同。劉先生云：『古之為達官名人傳者，史官職之。文士作傳，凡為圬者種樹之流而已。其人既稍顯，即不當為之傳，為之行狀，上史氏而已。』余謂先生之言是也。雖然，古之國史立傳，不甚拘品位，所紀事尤詳。又實錄書人臣卒，必撮序其平生賢否；今實錄不紀臣下之事。史館凡仕非賜謚及死事者，不得為傳。乾隆四十年，定一品官乃賜謚。然則史之傳者，亦無幾矣。余錄古傳狀之文，並紀茲義，使後之文士得擇之。昌黎〈毛穎傳〉，嬉戲之文，其體傳也，故亦附焉。」

按：傳狀之文，所以記敘一人生平事實，出於紀傳體史書之傳。我國紀傳體史書，創自司馬遷之《史記》，《史記》中之〈本紀〉、〈世家〉、〈列傳〉，皆為記人文章，是傳之起源。古代作傳為史官專職，私人只能作狀，上之史官，為作傳之根據。其後史例益嚴，一代之人得立傳於正史者不多，於是有文人私撰之傳；而子孫為其先人敘述生平，乞人作傳者，謂之狀。傳或有褒有貶，狀則決無貶辭。漢胡幹有〈楊原伯狀〉，是為現存最早之狀。亦曰行狀，如任昉〈齊竟陵王行狀〉。亦曰事略，如歸有光〈先妣事略〉。亦曰述狀，如胡天遊〈王大夫述狀〉。傳則史傳之外有家傳，文人所作單篇之傳大都屬於此類，因別於國史之傳，故曰家傳。亦稱小傳，如李商隱〈李賀小傳〉。亦曰別傳，如吳虞〈李卓吾別傳〉。外傳則所錄多遺聞軼事，且為傳紀體之小說，如〈飛燕外傳〉，〈太眞外傳〉。託傳則託某傳以發揮己之見解主張，可分為三類：假託人名實以自傳者，如陶潛〈五柳先生傳〉；虛設一人為之作傳者，如東方朔〈烏有先生傳〉；託物擬人等於寓言者，如韓愈〈毛穎傳〉。

圬者王承福傳

韓　愈

圬①之爲技，賤且勞者也。有業之②，其色若自得者。聽其言，約而盡③。問之，王其姓，承福其名，世爲京兆④長安農夫。天寶之亂⑤，發⑥人爲兵，持弓矢十三年，有官勳⑦，棄之來歸；喪其土田，手鏝衣食⑧，餘三十年。舍⑨於市之主人，而歸其屋食之當焉⑩。視時屋食之貴賤，而上下其圬之傭⑪以償之；有餘，則以與道路之廢疾、餓者焉。

又曰：「粟⑫，稼⑬而生者也；若布與帛，必蠶績⑭而後成者也；其他所以養生之具，皆待人力而後完也；吾皆賴之。然人不可徧爲，宜乎各致其能以相生也。故君者，理我所以生者也；而百官者，承君之化者也。任有大小，惟⑮其所能，若器皿焉。食焉而怠其事，必有天殃，故吾不敢一日捨鏝以嬉。夫鏝，易能可力焉，又誠有功；取其直⑯，雖勞無愧，吾心安焉。夫力，易強而有功也；心，難強而有智也。用力者使於人，用心者使人⑰，亦其宜也。吾特擇其易爲而無愧者取焉。」

「嘻!吾操鏝以入富貴之家有年矣。有一至者焉，又往過之，則爲墟矣。有再至、三至者焉，而往過之，則爲墟⑱矣。問之其鄰，或曰：『噫，刑戮⑲也。』或曰：『身既死而其子孫不能有也。』或曰：『死而歸之官也。』吾以是觀之，非所謂食焉怠其事而得天殃者邪?非強心以智而不足，不擇其才之稱否而冒⑳之者邪?非多行可愧，知其不可而強爲之者邪?將㉑富貴難守，薄功而厚饗㉒之者邪?抑豐悴㉓有時，一去一來而不可常者邪?吾之心憫㉔焉，是故擇其力之可能者行焉。樂富貴而悲貧賤，我豈異於人哉?」

又曰：「功大者，其所以自奉也博。妻與子，皆養於我者也；吾能薄而功小，不有之可也。又吾所謂勞力者，若立吾家而力不足，則心又勞也。一身而二任㉕焉，雖聖者不可能也。」

愈始聞而惑之，又從而思之；蓋賢者也，蓋所謂「獨善其身㉖」者也。然吾有譏焉，謂其自爲也過多，其爲人也過少。其學楊朱之道㉗者邪?楊之道，不肯拔我一毛而利天下；而夫人以有家爲勞心，不肯一動其心以畜其妻子，其肯勞其心以爲人乎哉？雖然，其賢於世之患不得之而患失之㉘者，以濟其生之欲㉙，貪邪而亡道㉚以喪其身者，其亦遠矣！又其言有可以警余者，故余爲之傳而自鑒焉。

〔註　釋〕

① **圬**　以鏝塗飾牆壁謂之圬，音ㄨ。圬者，即今所謂泥水匠。
② **有業之**　有以圬爲職業者。
③ **約而盡**　所言簡單而盡情理。
④ **京兆**　唐於首都設京兆府。
⑤ **天寶之亂**　天寶十四年（西元七五五年），范陽節度使安祿山造反，攻陷洛陽，明年又陷長安，唐玄宗奔蜀，史稱天寶之亂。
⑥ **發**　發動、徵調。
⑦ **官勳**　官職、勳位。
⑧ **手鏝衣食**　意謂當泥水匠以維持生活。手，操持。鏝，泥水匠用以塗抹牆壁之鐵器，音

ㄇㄢˋ。

⑨ **舍** 居住。

⑩ **歸其屋食之當焉** 餽送適當之房租伙食費。歸，通餽。《論語・微子》：「齊人歸女樂。」當，相稱，音ㄉㄤˋ。

⑪ **上下其圬之傭** 上下，增減。傭，工資。

⑫ **粟** 指穀。古以粟爲黍、稷、粱，秫之總稱。

⑬ **稼** 種穀曰稼，音ㄐㄧㄚˋ。

⑭ **蠶績** 蠶，養蠶。績，治麻。

⑮ **惟** 以也、用也。

⑯ **直** 通値，酬勞、工資。

⑰ **用力者使於人用心者使人** 二句根據《孟子・滕文公》：「勞心者治人，勞力者治於人。」

⑱ **墟** 土堆，音ㄒㄩ。

⑲ **刑戮** 刑罰殺戮。因罪判處死刑謂之刑戮。

⑳ **冒** 冒充能者。

㉑ **將** 抑或也。

㉒ **饗** 同享，享用。

㉓ **豐悴** 即盛衰。悴，衰敗，音ㄘㄨㄟˋ。

㉔ **憫** 哀憐。

㉕ **二任** 指勞心與勞力。

㉖ **獨善其身** 語出《孟子‧盡心》：「窮則獨善其身，達則兼善天下。」

㉗ **楊朱之道** 楊朱，字子君，戰國時人，約生於公元前四四〇至三六〇年間。《孟子‧盡心》：「楊子取爲我，拔一毛以利天下，不爲也。」楊朱言行又見《列子‧楊朱篇》。

㉘ **患不得之而患失之** 語出《論語‧陽貨》：「鄙夫可與事君也與哉！其未得之也，患得之；既得之，患失之。」

㉙ **濟其生之欲** 滿足成全生活上各種欲望。濟，滿足成全也。

㉚ **亡道** 不講道德。亡同無。

種樹郭橐駝傳

柳宗元

郭橐駝①，不知始何名。病僂②，隆然伏行③，有類橐駝者，故鄉人號之駝。駝聞之，曰：「甚善，名我固當。」因捨其名，亦自謂橐駝云④。

其鄉曰豐樂鄉，在長安西。駝業種樹，凡長安豪富人為觀遊⑤及賣果者，皆爭迎取養。視駝所種樹，或移徙，無不活；且碩茂⑥蚤實以蕃⑦。他植者雖窺伺⑧傚慕⑨，莫能如也。

有問之，對曰：「橐駝非能使木壽且孳⑩也；能順木之天⑪，以致其性焉爾⑫。凡植木之性，其本欲舒⑬，其培欲平⑭，其土欲故，其築欲密⑮。既然已，勿動勿慮，去不復顧。其蒔也若子，其置⑯也若棄，則其天者全，而其性得矣。故吾不害其長而已，非有能碩茂之也；不抑耗⑰其實而已，非有能蚤而蕃之也。他植者則不然：根拳而土易⑱。其培之也，若不過焉，則不及。苟有能反是者，則又愛之太恩，憂之太勤，旦視而暮撫，已去而復顧。甚者爪其膚以驗其生枯，搖其本以觀其疏密，而木之性日以離矣。雖曰愛之，其實害之；雖曰憂之，其實讎之。故不我若也。吾又何能爲哉？」

問者曰：「以子之道，移之官理⑲，可乎？」駝曰：「我知種樹而已，官理非吾業也。然吾居鄉，見長人者⑳好煩其令，若甚憐焉，而卒以禍。旦暮，吏來而呼曰：『官命促爾耕，勖爾植，督爾穫，蚤繅而緒㉑，蚤織而縷，字㉒而幼孩，遂㉓而雞豚。』鳴鼓而聚之，擊木㉔而召之。吾小人輟飧饔㉕以勞吏者，且不得暇，又何以蕃吾生而安吾性耶？故病且怠㉖，若是則與吾業者其亦有類乎？」

問者嘻㉗曰：「不亦善夫！吾問養樹，得養人術。」傳其事以爲官戒㉘也。

〔註　釋〕

① **郭槖駝**　槖駝即駱駝。《史記·匈奴傳》：「其奇畜則槖駝。」槖駝背部肉峰似囊槖，故稱槖駝。郭槖駝姓郭，以其背如槖駝，故有此號。此文乃作者假借郭槖駝種樹之道，

說明老子「自然無爲」之政治理論，屬傳狀類中之託傳。

②**病僂** 得駝背之病。僂，曲背也，音ㄌㄡˊ。

③**隆然伏行** 隆然，高起貌。伏行，面向下低頭而行。

④**云** 語末助詞，有「據說如此」之意。

⑤**觀遊** 觀賞遊玩。

⑥**碩茂** 碩，高大。茂，茂盛。

⑦**蚤實以蕃** 果實結得早又結得多。蚤，同早。蕃，多也。

⑧**窺伺** 暗地裡觀察橐駝種樹方法。窺，偷看。伺，偵察。

⑨**傚慕** 傚，同效，摹仿。慕，羨慕。

⑩**孳** 同滋，生長、發育，音ㄗ。

⑪**天** 自然、天性。

⑫**致其性焉爾** 盡其性充分發展罷了。致，盡也。焉爾，語末助詞，相當口語「罷了」。

⑬**其本欲舒** 根要舒展。

⑭**其培欲平** 填土須平均。培，壅土也。

⑮**其築欲密** 將種樹時所培土擣實。築，擣土。密，堅實。

⑯ **蒔** 種也，音ㄕˊ。

⑰ **抑耗** 壓制、損害。

⑱ **根拳而土易** 根捲曲不得舒展且換新土。

⑲ **官理** 居官理政。

⑳ **長人者** 爲人民長官者。長，音ㄓㄤˇ。

㉑ **蚤繰而緒** 早些抽絲。繰，同繅，抽繭出絲，音ㄙㄠ。緒，絲頭。

㉒ **字** 撫養。

㉓ **遂** 長成。

㉔ **擊木** 木，即木鐸。《周禮・天官小宰》：「徇以木鐸。」注：「古者將有新令，必奮鐸以警衆，使明聽也。木鐸，木舌也，文事奮木鐸；武事奮金鐸。」

㉕ **飧饔** 三餐熟食也。《孟子・滕文公》：「饔飧而治。」注：「饔飧，熟食也。朝曰饔，夕曰飧。」

㉖ **怠** 疲敝也。

㉗ **嘻** 笑貌。

㉘ **以爲官戒** 警戒爲官者。

方山子傳

蘇軾

方山子①，光黃②間隱人也，少時慕朱家③郭解④爲人，閭里之俠皆宗之⑤。稍壯，折節⑥讀書，欲以此馳騁⑦當世，然終不遇。晚乃遯⑧於光黃間，曰岐亭⑨，庵居蔬食⑩，不與世相聞，棄車馬，毀冠服，徒步往來山中，人莫識也。見其所著帽，方聳而高，曰：「此豈古方山冠⑪之遺像乎？」因謂之方山子。

余謫居於黃，過岐亭，適見焉。曰：「嗚呼！此吾故人陳慥季常也！何爲而在此？」方山子亦矍然⑫問余所以至此者。余告之故。俛而不答，仰而笑，呼余宿其家。環堵蕭然⑬，而妻子奴婢，皆有自得之意。

余既聳然⑭異之。獨念方山子少時，使酒好劍，用財如糞土；前十有九年，余在岐山⑮，見方山子從兩騎，挾二矢，遊西山，鵲起於前，使騎逐而射之，不獲；方山子怒馬⑯獨出，一發得之。因與余馬上論用兵，及古今成敗，自謂一世豪士。今幾日耳，精悍之色，猶見於眉間，而豈山中之人哉！然方山子世有勳閥⑰，當得官；使從事於其間，今已顯聞⑱。而其家在洛陽，園宅壯麗，與公侯等；河北有田，歲得帛千匹，亦足以富樂；皆棄不取，獨來窮山中，此豈無得而然哉？

余聞光黃間多異人⑲，往往佯狂垢污，不可得而見，方山子儻⑳見之歟？

〔註釋〕

① **方山子** 姓陳，名慥，字季常，宋眉州青神（四川今縣）人。季常妻柳氏性悍妒，季常每宴客有聲妓，柳氏即以杖擊壁大呼，客為散去，東坡有戲季常詩云：「忽聞河東獅子吼，拄杖落手心茫然。」季常遂以懼內著稱於世，今人每稱悍妒之女性為「河東獅吼」，稱懼內者為「有季常癖」，即出於此。

② **光黃** 二州名，光州治今河南潢川縣；黃州治今湖北黃岡縣。

③ **朱家** 魯人，與漢高祖同時。魯人皆以儒教，而朱家用俠聞。家蓄豪士百餘人，曾陰脫季布之厄；季布後仕漢貴顯，尋覓朱家，終身不見，時人賢之，自關以東，莫不延頸願

與之交。

④**郭解** 字翁伯，漢軹（河南濟源縣東南）人。為人短小精悍，自喜為俠，以德報怨。屢犯公法，均得赦脫。後因殺人，亡命太原，被逮死。

⑤**宗之** 以之為首領。

⑥**折節** 改變平日志向之意。折，屈也；節，志節也。

⑦**馳騁** 活動、奔走之意。《晉書・潘尼傳》：「馳騁乎當塗之務。」

⑧**遯** 同遁，音ㄉㄨㄣˋ，隱去。

⑨**岐亭** 位於今湖北麻城縣西南七十里。

⑩**庵居疏食** 庵，居住草舍。庵，同菴，結草為廬。疏食，粗飯。

⑪**方山冠** 《後漢書・輿服志》：「方山冠似進賢冠，以五采縠為之，祠宗廟大予、八佾、四時、五行，樂人服之。唐宋時為隱士之冠。

⑫**矍然** 驚視貌。矍，音ㄐㄩㄝˊ。

⑬**蕭然** 空虛清靜貌。《世說・品藻》：「門庭蕭寂，居然有名士風流。」

⑭**聳然** 驚動貌。

⑮**岐山** 位於四川省岐山縣。

⑯ **怒馬** 使馬奮力奔馳。怒，奮也。《莊子・逍遙遊》：「怒而飛。」

⑰ **勳閥** 謂官宦之家。勳，功勳；閥，門弟。古時有功勳大臣，皆書功狀榜於門左，故稱勳閥。

⑱ **顯聞** 顯，達也，謂居上位也。《孟子・離婁》：「而未嘗有顯者來。」疏：「言未嘗有富貴顯達者來家中。」聞，名譽，音ㄨㄣˋ。

⑲ **異人** 謂奇異之人也。

⑳ **儻** 同倘，或然之詞，倘或也。

先妣事略

歸有光

先妣周孺人①，弘治②元年二月十一日生。年十六來歸③。踰年，生女淑靜；淑靜者，大姊也。期④而生有光。又期而生女、子：殤⑤一人，期而不育者一人。又踰年，生有尚，妊十二月。踰年，生淑順。一歲，又生有功。有功之生也，孺人比乳⑥他子加健。然數顰蹙⑦顧諸婢曰：「吾爲多子苦！」老嫗以杯水盛二螺進，曰：「飲此後，妊不數矣。」孺人舉之盡，喑⑧不能言。正德⑨八年五月二十三日，孺人卒。諸兒見家人泣，則隨之泣，然猶以爲母寢也。傷哉！於是家人延畫工畫，出二子，命之曰：「鼻以上畫有光，鼻以下畫大姊。」以二子肖⑩母也。

孺人諱⑪桂。外曾祖諱明；外祖諱行，太學生⑫；母何氏。世居吳家橋，去縣城東南三十里。由千墩浦⑬而南，直⑭橋並⑮小港以東，居人環聚，盡周氏也。外祖與其三兄皆以貲雄⑯；敦尚簡實，與人姁姁⑰說村中語，見子弟甥姪無不愛。

孺人之⑱吳家橋，則治木棉；入城，則緝纑⑲；燈火熒熒⑳，每至夜分㉑。外祖不二日使人問遺㉒。孺人不憂米、鹽，乃勞苦若不謀夕。冬月罏火炭屑，使婢子爲團，累累暴㉓階下。室靡棄物，家無閒人。兒女大者攀衣，小者乳抱，手中紉綴㉔不輟，户内灑然㉕。遇童僕有恩，雖至箠楚㉖，皆不忍有後言。吳家橋歲致魚、蟹、餅餌，率㉗人人得食。家中人聞吳家橋人至，皆喜。

有光七歲，與從兄有嘉入學。每陰風細雨，從兄㉘輒留；有光意戀戀㉙，不得留也。孺人中夜覺寢，促有光暗誦孝經㉚，即熟讀，無一字齟齬㉛，乃喜。

孺人卒，母何孺人亦卒。周氏家有羊狗之痾㉜：舅母卒，四姨歸顧氏又卒，死三十人而定；惟外祖與二舅存。

孺人死十一年，大姊歸王三接㉝，孺人所許聘者也。十二年，有光補學官弟子㉞。十六年而有婦，孺人所聘者也。期而抱女，撫愛之，益念孺人。中夜與其婦泣，追惟一二，彷彿如昨，餘則茫然矣。世乃有無母之人，天乎！痛哉！

——震川文集——

〔註釋〕

① **孺人** 《禮記・曲禮下》：「天子之妃曰后，諸侯曰夫人，大夫曰孺人。」明代職官妻七品封孺人，後以爲婦人之尊稱。

② **弘治** 明孝宗年號。

③ **歸** 女子出嫁曰歸。

④ **期** 滿一年。期音ㄐㄧ。

⑤ **殤** 未成人而夭折。殤音ㄕㄤ。

⑥ **乳** 哺乳餵養。

⑦ **數顰蹙** 常常皺著眉頭，憂愁不快樂。數，屢次，常常，音ㄕㄨㄛˋ。顰，攢聚眉頭，音ㄆㄧㄣˊ。蹙，皺額頭，音ㄘㄨˋ。

⑧ **喑** 失聲，音ㄧㄣ。

⑨ **正德** 明武宗年號。

⑩ **肖** 相像。

⑪ **諱** 古人不直稱已死尊長之名而稱諱。音ㄏㄨㄟˋ。

⑫ **太學生** 在國子監讀書的學生。漢代稱太學，明代稱國子監。

⑬ **千墩浦** 今江蘇省崑山縣東南三十六里。

⑭ **直** 當、對。

⑮ **並** 依傍也。並通傍，音ㄅㄤˋ。

⑯ **以貲雄** 以財富稱雄一時一地。貲，財富，音ㄗ。

⑰ **姁姁** 和藹可親的樣子。音ㄒㄩˇ。

⑱ **之** 至，到也。

⑲ **緝纑** 接麻成線。緝，劈麻接成線，音ㄑㄧˋ。纑，線縷，音ㄌㄨˊ。

⑳ **熒熒** 燈火微明的樣子。音ㄧㄥˊ。

㉑ **夜分** 夜半。

㉒ **問遺** 贈送禮物。遺音ㄨㄟˋ。

㉓ **暴** 曝曬。暴同曝，音ㄆㄨˋ。

㉔**紉綴** 縫紉補綴。綴，連接、縫補，音ㄓㄨㄟˋ。

㉕**灑然** 整潔的樣子。

㉖**箠楚** 用杖責打。箠，杖，音ㄔㄨㄟˊ。楚，荊木。

㉗**率** 大都，大概。

㉘**從兄** 堂兄弟。從音ㄗㄨㄥˋ。

㉙**戀戀** 愛慕也。

㉚**孝經** 宣揚人子孝道和孝治思想的儒家經典。

㉛**齟齬** 本爲牙齒不整齊，引申爲不順暢。音ㄐㄩˇ ㄩˇ。

㉜**羊狗之痾** 由羊狗染疫而蔓延到人的傳染病。痾，疾病，音ㄜ。

㉝**王三接** 字汝康，江蘇太倉人，進士及第，曾任河東都轉運使。

㉞**補學官弟子** 即中秀才。

八、碑誌類

姚姬傳《古文辭類纂·序目》曰：「碑誌類者，其體本於詩，歌功頌德，其用施於金石。周之時有石鼓刻文，秦刻石於巡狩所經過，漢人作碑文又加以序。序之體，蓋秦刻琅邪具之矣。茅順甫譏韓文公碑序異史遷，此非知言，金石之文自與史家異體，如文公作文，豈必以效司馬氏爲功耶？誌者，識也，或立石墓上，或埋之壙中，古人皆曰誌。爲之銘者，所以識之之辭也，然恐人觀之不詳，故又爲序。世或以石立墓上曰碑、曰表；埋乃曰誌；及分誌、銘二之，獨呼前序曰誌者，皆失其義，蓋自歐陽公不能辨矣！墓誌文錄者尤多，今別爲下篇。」

按：劉勰《文心雕龍·誄碑篇》以爲碑之起源在於古帝王之封禪刻石，以爲記功德之用，如秦始皇泰山刻石。又有廟碑，如蘇軾〈潮洲韓文公廟碑〉。墓碑、墓誌，則昉自廟碑。初僅用木，一則以識日影，一則以繫牲。後乃代之以石而刻文字，又由廟移之於墓。墓碑亦名墓碣。碑方，五品以上用之；碣圓，六品以下用之。又稱墓表，如〈謁者景君墓表〉。又稱神道碑；神道即墓前道路，以其爲冢中神道，如韓愈〈許國公神道碑〉。亦僅稱神碑者，如〈張公神碑〉。或曰阡表，如歐陽修〈瀧岡阡表〉。或曰靈表，如汪中〈鄒孺人靈表〉。墓誌所以刻石而埋諸壙中，因慮陵谷變遷，人事更動，將來或被發掘，故預爲誌之，使後人識爲誰之墳墓。或僅有銘，或前加序，亦有僅記序而無銘辭者。其異名尤多：未葬而暫厝者，曰權厝誌；既葬而再誌者，曰續誌、後誌；死於異鄉而歸葬者，曰歸祔志；遷葬而作誌者，曰遷葬誌；刻於石槨之蓋者，曰蓋石文；刻於磚者，曰墓磚文；用於和尚者，曰塔銘、塔記；又曰葬誌、墳記、壙記、壙銘、槨銘、埋銘。

柳州羅池廟碑

韓 愈

羅池廟①者，故刺史柳侯②廟也。

柳侯爲州，不鄙夷其民③。動以禮法④，三年，民各自矜奮⑤。茲土雖遠京師，吾等亦天氓。今天幸惠仁侯，若不化服，我則非人；於是老少相教語，莫違侯令。凡有所爲於其鄉閭及於其家，皆曰：吾侯聞之，得無不可於意否，莫不忖度⑥而後從事。凡令之期，民勸趨之，無有後先⑦，必以其時。於是民業有經⑧，公無負租。流逋⑨四歸，樂生興事。宅有新屋，步⑩有新船，池園潔修。豬牛鴨雞，肥大蕃息⑪。子嚴父詔⑫，婦順夫指⑬。嫁娶葬送，各有條法。出相弟長⑭，入相慈孝。先時民貧，以男女相質⑮，久不得贖，盡沒爲隸。我侯之至，按國之故，以傭⑯除本，悉奪歸之。大修孔子廟，城郭巷道，皆治使端正，樹以名木。柳民既皆悅喜。

嘗與其部將魏忠、謝寧、歐陽翼飲酒驛亭。謂曰：吾棄於時而寄於此，與若等好也。明年吾將死⑰，死而爲神。後三年，爲廟祀我。及期而死。三年⑱孟秋辛卯，侯降於州之後堂，歐陽翼等見而拜之。其夕夢翼而告曰：「館我於羅池。」其月景辰⑲廟成，大祭，過客李儀醉酒，慢侮堂上，得疾，扶出廟門即死。

明年春，魏忠、歐陽翼使謝寧來京師，請書其事於石。余謂柳侯生能澤其民，死能驚動禍福之，以食⑳其土，可謂靈也已。作迎享送神詩遺柳民，俾歌以祀焉，而并刻之。

柳侯，河東人，諱宗元，字子厚，賢而有文章，嘗位於朝，光顯矣，已而擯不用。

其辭曰：荔子丹兮蕉黃，雜肴蔬兮進侯堂。侯之船兮兩旗，度中流兮風泊㉑之，待侯不來兮不知我悲。侯乘駒㉒兮入廟，慰我民兮不嚬㉓以笑。鵝之山兮柳之水，桂樹團團㉔兮白石齒齒㉕。侯朝出游兮暮來歸，春與猨㉖吟兮秋鶴與飛。北方之人兮爲侯是非，千秋萬歲兮侯無我違。福我兮壽我，驅厲鬼兮山之左。下無苦濕兮高無乾，秔稌充羨㉗兮蛇蛟結蟠㉘。我民報事兮無怠其始，自今兮欽於世世。

〔註　釋〕

① **羅池廟**　廟在廣西馬平縣，祀唐刺史柳宗元。

② **柳侯**　即柳宗元，嘗爲柳州刺史。

③ **不鄙夷其民**　不以鄙野蠻夷之民視之。

④ **動以禮法**　一切政治活動皆依禮法而行。《論語・衛靈公》：「知及之，仁能守之，莊以涖之，動之不以禮，未善也。」

⑤ **矜奮**　安份奮發。矜，以理自持。

⑥ **忖度**　思考推測也。《詩・小雅・巧言》：「他人有心，予忖度之。」

⑦ **無有後先**　即無有落後者。「後先」，爲雙義仄用法，但取「後」之義，「先」爲配字。

⑧ **民業有經**　人民皆有固定職業。經，常也。

⑨ **流逋**　逃亡也。逋，逃亡，音ㄅㄨ。

⑩ **步**　《述異記》：「吳楚間謂浦爲步，後人遂作埠。」浦，水濱，音ㄆㄨˇ。

⑪ **蓄息** 滋長也。

⑫ **詔** 《呂氏春秋・審分篇》高注：「詔，教也。」

⑬ **指** 指通指，《說文》：「指，意也。」

⑭ **弟長** 善事兄長曰悌。悌、弟通。

⑮ **質** 典押以取信曰質，音ㄓˋ。

⑯ **傭** 受顧於人。

⑰ **明年吾將死** 〈柳子厚墓誌銘〉云：「元和十四年十一月八日卒。」

⑱ **三年** 長慶三年。

⑲ **景辰** 即丙辰。唐避高祖父李昞諱，以景代丙。

⑳ **食** 廟食也，謂饗食於廟也。

㉑ **泊** 飄泊也，凡物隨水飄流謂之飄泊。亦作漂泊。

㉒ **駒** 馬少而壯曰駒，音ㄐㄩ。

㉓ **嚬** 同顰，眉蹙貌，音ㄆㄧㄣˊ。

㉔ **團團** 圓貌。班婕妤〈怨詩行〉：「裁成合歡扇，團團似明月。」

㉕ **齒齒** 石排列貌。

㉖ **猨** 同猿，音ㄩㄢˊ。

㉗ **秔稌充羨** 猶言稻穀豐收。秔，稻之不粘而晚熟者，音ㄍㄥ。稌，糯稻也，俗作稉，音ㄊㄨˊ。羨，盈滿有餘。

㉘ **結蟠** 隱藏埋伏。蟠，埋伏，音ㄆㄢˊ。

柳子厚墓誌銘

韓　愈

子厚，諱①宗元。七世祖慶，爲拓跋魏侍中，封平齊公。六世祖旦，爲周中書侍郎，封濟陰公②。曾伯祖奭③，爲唐宰相，與褚遂良、韓瑗，俱得罪武后④，死高宗朝。皇考諱鎮⑤，以事母棄太常博士，求爲縣令江南；其後以不能媚權貴，失御史。權貴人死，乃復拜侍御史，號爲剛直，所與游，皆當世名人。

子厚少精敏，無不通達。逮其父時，雖少年，已自成人，能取進士第⑥，嶄然見頭角⑦，衆謂柳氏有子矣。其後以博學宏詞⑧，授集賢殿正字⑨，儁傑廉悍⑩，議論證據今古，出入經史百子，踔厲風發⑪，率常屈其座人，名聲大振，一時皆慕與之交；諸公要人爭欲令出我門下，交口⑫薦譽之。

貞元⑬十九年，由藍田尉⑭拜監察御史⑮。順宗⑯即位，拜禮部員外郎⑰。遇用事者得罪⑱，例出爲刺史⑲；未至，又例貶永州司馬⑳。居閑，益自刻苦，務記覽、爲詞章，汎濫停蓄㉑，爲深博無涯涘㉒，而自肆於山水間。元和中，嘗例召至京師，又偕出爲刺史；而子厚得柳州㉓。既至，歎曰：「是豈不足爲政邪？」因其土俗，爲設教禁，州人順賴。其俗以男女質㉔錢，約不時贖，子本相侔㉕，則沒爲奴婢。子厚與設方計，悉令贖歸；其尤貧力不能者，令書其傭，足相當，則使歸其質。觀察使㉖下其法於他州，比㉗一歲，免而歸者且千人。衡湘以南㉘爲進士者，皆以子厚爲師。其經承子厚口講指畫爲文詞者，悉有法度可觀。

其召至京師而復爲刺史也，中山劉夢得禹錫㉙，亦在遣中，當詣播州。子厚泣曰：「播州非人所居，而夢得親在堂，吾不忍夢得之窮，無辭以白其大人；且萬無母子俱往理。」請於朝，將拜疏，願以柳易播，雖重得罪，死不恨；遇有以夢得事白上者，夢得於是改刺連州㉚。嗚呼！士窮乃見節義。今夫平居里巷相慕悅，酒食游戲相徵逐㉛，詡詡㉜強笑語以相取下㉝，握手出肺肝相示㉞，指天日涕泣，誓生死不相背負，眞若可信；一旦臨小利害，僅如毛髮比，反眼若不相識，落陷穽不一引手救，反擠之又下石焉者，皆是也。此宜禽獸夷狄所不忍爲，而其人自視以爲得計；聞子厚之風，亦可以少媿矣！

子厚前時少年，勇於爲人，不自貴重顧藉㉟，謂功業可立就，故坐廢退；既退，又無相知有氣力得位者推挽㊱，故卒死於窮裔㊲，材不爲世用，道不行於時也。使子厚在臺省㊳時，自持其身，已能如司馬刺史時，亦自不斥；斥時有人力能舉之，且必復用不窮。然子厚斥不久，窮不極，雖有出於人，其文學辭章，必不能自力，以致必傳於後如今，無疑也。雖使子厚得所願，爲將相於一時；以彼易此，孰得孰失，必有能辨之者。

子厚以元和十四年十一月八日卒，年四十七。以十五年七月十日，歸葬萬年㊴先人墓側。子厚有子男二人，長曰周六，始四歲；季曰周七，子厚卒乃生。女子二人，皆幼。其得歸葬也，費皆出觀察使河東裴君行立㊵。行立有節槩、重然諾，與子厚結交。子厚亦爲之盡，竟賴其力。葬子厚於萬年之墓者，舅弟盧遵。遵，涿人㊶，性謹順，學問不厭。自子厚之斥，遵從而家焉，逮其死，不去；既往葬子厚，又將經紀其家，庶幾有始終者。

銘曰：「是惟子厚之室㊷，既固既安，以利其嗣人㊸。」

〔註　釋〕

①諱　稱人名字，生者曰名，死者曰諱。

②七世祖慶…封濟陰公　柳慶字更興，仕宇文周爲宜州刺史，封平濟縣公。其子旦，爲子厚六世祖，封濟陰公。

③曾伯祖奭　奭字子邵，高宗時任中書令。後爲許敬宗等誣與褚遂良同黨，坐誅。奭，音ㄕˋ。

④與褚遂良韓瑗俱得罪武后　褚遂良，字登善，錢塘人，唐高宗時官尙書左僕射。高宗欲立武則天爲后，遂良力諫，貶愛州刺史，憂鬱而卒。韓瑗，字伯玉，京兆三原人。以上書救遂良，貶振州刺史，卒於貶所。

⑤皇考諱鎭　皇考，亡父之稱。鎭，肅宗時任殿中侍御史，忤宰相竇參，貶夔州司馬，及參得罪，復拜侍御史。

⑥取進士第　德宗貞元九年（西元七九三年），宗元中進士，時年二十一。

⑦嶄然見頭角　嶄然，高峻貌。見頭角，少年出衆之喻。

⑧博學宏詞　唐制科名，唐開元十九年始開，以考拔淵博能文之士。貞元十四年（西元七

九八年）子厚中博學宏詞科。時年二十六。

⑨**集賢殿正字**　唐有集仙殿，開元中改名集賢，掌刊輯經籍，搜求佚書，宋改爲集賢院。正字，官名，掌刊正文字。

⑩**儁傑廉悍**　儁傑，謂才能出衆。儁，同俊。廉，有操守。悍，勇敢積極。

⑪**踔厲風發**　卓絕之能，猛厲之氣，如風之振發。踔，音ㄓㄨㄛˊ。

⑫**交口**　異口同聲。

⑬**貞元**　德宗年號。

⑭**藍田尉**　藍田，位於今陝西藍田縣西。縣尉，爲縣長佐吏，掌捕盜賊，察奸宄。

⑮**監察御史**　官名，掌巡察糾舉等事。

⑯**順宗**　德宗長子。

⑰**禮部員外郎**　官名，掌禮樂學校等事。

⑱**用事者得罪**　用事者，指王叔文、韋執誼。順宗病不能視事，王、韋親寵當權。未幾，憲宗即位，王、韋以專權罪遠貶。

⑲**例出爲刺史**　永貞元年（西元八五〇年），柳宗元因依附王、韋之罪，被貶爲邵州刺史。例，法例。

⑳ **貶永州司馬** 永州，今湖南零陵縣。司馬爲刺史佐吏。

㉑ **汎濫停蓄** 汎濫，涉獵廣博。停蓄，指涵養之深。

㉒ **涯涘** 指文章內容博大，無邊際。涯涘，水邊。涘，音ㄙˋ。

㉓ **柳州** 今廣西柳城縣。

㉔ **質** 抵押，音ㄓˋ。

㉕ **子本相侔** 利息與本金相等。子，利息。本，母金。侔，相等，音ㄇㄡˊ。

㉖ **觀察使** 官名，唐於諸道設按察使，後改爲觀察使，掌巡視州縣，觀察民情風俗。

㉗ **比** 及，到，音ㄅㄧˋ。

㉘ **衡湘以南** 衡，衡山。湘，湘水。指今湖南南部、廣西北部。

㉙ **中山劉夢得禹錫** 劉禹錫，字夢得，彭城人，自言系出漢中山靖王，工詩文，登貞元進士、宏詞二科。元和中，因作詩譏諷當路，貶播州刺史。播州，今貴州省遵義縣。後得御史中丞裴度爲言，乃易連州。

㉚ **連州** 今廣東連縣。

㉛ **徵逐** 謂交往密切。徵，召請。逐，追隨。

㉜ **詡詡** 媚好貌。詡，音ㄒㄩˇ。

㉝ **相取下** 相互謙讓。

㉞ **出肺肝相示** 意謂竭誠相待。意同「披肝露膽」。

㉟ **顧藉** 顧，愛惜。藉，依賴。

㊱ **推挽** 推薦引進。

㊲ **窮裔** 窮荒邊遠之地。裔，衣邊，音ㄧˋ，引申為邊疆之意。

㊳ **台省** 子厚嘗為集賢殿正字及監察御史，集賢殿屬中書省，御史屬御史台。

㊴ **萬年** 今陝西長安縣東。

㊵ **裴君行立** 絳州稷山（今山西稷山縣）人，時為桂管觀察使。

㊶ **遵涿人** 遵，子厚妻盧氏之弟。涿，今河北涿縣。

㊷ **室** 墓壙。

㊸ **嗣人** 子孫。

瀧岡阡表

歐陽修

嗚呼！惟我皇考崇公①，卜吉②于瀧岡③之六十年，其子修始克表於其阡④；非敢緩也，蓋有待也。

修不幸，生四歲而孤⑤。太夫人守節自誓；居窮自力於衣食，以長以教，俾至於成人。太夫人告之曰：「汝父爲吏，廉而好施與，喜賓客；其俸祿雖薄，常不使有餘。曰：『毋以是爲我累。』故其亡也，無一瓦之覆，一壠之植，以庇而爲生；吾何恃而能自守邪？吾於汝父，知其一、二，以有待於汝也。自吾爲汝家婦，不及事吾姑；然知汝父之能養也。汝孤而幼，吾不能知汝之必有立；然知汝父之必將有後也。吾之始歸也，汝父免於母喪方逾年，歲時祭祀，則必涕泣，曰：『祭而豐，不如養之薄也。』閒御⑥酒食，則又涕泣，曰：『昔常不足，而今有餘，其何及也！』吾始一、二見之，以爲新免於喪適然⑦耳；既而其後常然，至其終身，未嘗不然。吾雖不及事姑，而以此知汝父之能養也。汝父爲吏，嘗夜燭治官書，屢廢而歎。吾問之，則曰：『此死獄也，我求其生不得爾。』吾曰：『生可求乎？』曰：『求其生而不得，則死者與我皆無恨也；矧⑧求而有得邪？以其有得，則知不求而死者有恨也。夫常求其生，猶失之死；而世常求其死也。』回顧乳者劍⑨汝而立於旁，因指而歎曰：『術者⑩謂我歲行在戌⑪將死，使其言然，吾不及見兒之立也，後當以我語告之。』其平居教他子弟，常用此語，吾耳熟焉，故能詳也。其施於外事，吾不能知；其居於家，無所矜飾，而所爲如此，是眞發於中者邪！嗚呼！其心厚於仁者邪！此吾知汝父之必將有後也。汝其勉之！夫養不必豐，要⑫於孝；利雖不得博⑬於物，要其心之厚於仁。吾不能教汝，此汝父之志也。」修泣而志之，不敢忘。

先公少孤力學，咸平⑭三年進士及第。爲道州判官⑮，泗綿二州推官⑯；又爲泰州⑰判官。享年五十有九，葬沙溪之瀧岡。

太夫人姓鄭氏，考諱德儀，世爲江南名族。太夫人恭儉仁愛而有禮；初封福昌縣太君，進封樂安、安康、彭城三郡太君。自其家少微時，治其家以儉約；其後常不使過之，曰：「吾兒不能茍合於世，儉薄所以居患難也。」其後修貶夷陵⑱，太夫人言笑自若，曰：「汝家故貧賤也，吾處之有素矣；汝能安之，吾亦安矣。」自先公之亡二十年，修始得祿而養。又十有二年，列官于朝，始得贈封其親。又十年，修爲龍圖閣直學士⑲，尚書吏部郎中⑳，留守南京㉑，太夫人以疾終于官舍，享年七十有二。

又八年，修以非才，入副樞密㉒，遂參政事㉓，又七年而罷。自登二府㉔，天子推恩，褒其三世；故自嘉祐㉕以來，逢國大慶，必加寵錫㉖。皇曾祖府君㉗累贈金紫光祿大夫㉘、太師、中書令㉙；曾祖妣累封楚國太夫人。皇祖府君㉚累贈金紫光祿大夫、太師、中書令兼尚書令㉛；祖妣累封吳國太夫人。皇考崇公，累贈金紫光祿大夫、太師、中書令兼尚書令；皇妣累封越國太夫人。今上初郊㉜，皇考賜爵爲崇國公，太夫人進號魏國。

於是小子修泣而言曰：「嗚呼！爲善無不報，而遲速有時，此理之常也。惟我祖考，積善成德，宜享其隆，雖不克有於其躬，而賜爵受封，顯榮褒大㉝，實有三朝之錫命㉞，是足以表見於後世，而庇賴㉟其子孫矣。」乃列其世譜，具刻于碑，既又載我皇考崇公之遺訓，太夫人之所以教，而有待於修者，並揭于阡。俾知夫小子修之德薄能鮮，遭時竊位，而幸全大節，不辱其先者，其來有自。

〔註　釋〕

① **皇考崇公**　皇，太也，對先人之敬稱。亡父曰考，亡母曰妣。歐陽修父名觀，字仲賓，追贈崇國公，故稱崇公。

② **卜吉**　安葬也。《儀禮・喪禮》所記葬地、葬日皆當卜筮，吉然後行事，故謂葬曰「卜吉」。

③ **瀧岡**　地名，在江西省永豐縣南附近。瀧音ㄕㄨㄤ。

④ **表於其阡**　立墓碑於墳前。表即墓表，一名墓碑。阡爲墓道。墓表所以表彰其人，立於墓前供人瞻仰。

⑤ **孤**　幼而無父曰孤。

⑥ **閒御**　偶爾進用。閒，偶爾也，音ㄐㄧㄢˋ。御，進也。

⑦**適然** 偶然。

⑧**矧** 何況，音ㄕㄣˇ。

⑨**劍** 挾於脅下如佩劍的樣子。

⑩**術者** 預言吉凶方術之士，如看相、算命之流。

⑪**歲行在戌** 歲星運行在戌年。歲星即木星，其運行十二年一周天，古人據以記年。修父卒於宋眞宗大中祥符三年，歲次庚戌。

⑫**要** 求也，期望也。音ㄧㄠ。

⑬**博** 普及也。

⑭**咸平** 宋眞宗年號。

⑮**道州判官** 道州今湖南省道縣。判官爲節度使、觀察使僚屬。

⑯**泗綿二州推官** 泗州，在今安徽省盱眙縣東北。綿州，今四川省綿陽縣。推官爲觀察使、節度使之屬吏。

⑰**泰州** 今江蘇省泰縣。

⑱**宜陵** 今湖北省宜昌縣。

⑲**直學士** 官名。宋制凡官資較淺者初入直館閣爲直學士。修於皇祐元年任龍圖閣直學士。

⑳ **郎中** 官名。隋唐以後六部皆置郎中，爲諸司之長。

㉑ **南京** 宋眞宗改宋州爲應天府，建爲南京，今河南商丘縣。

㉒ **副樞密** 爲樞密院副使，掌武事。

㉓ **參政事** 即爲中書省參知政事，宰相之副貳。

㉔ **登二府** 登，升也。宋制以中書省與樞密院分掌文武二柄，時稱二府。

㉕ **嘉祐** 宋仁宗年號。

㉖ **寵錫** 恩寵賞賜。錫，賜也。

㉗ **皇曾祖府君** 府君，子孫尊稱其先世之辭。修曾祖名郴。

㉘ **金紫光祿大夫** 金紫，金印紫綬。據《宋史・職官志》，金紫光祿大夫爲正二品。

㉙ **太師中書令** 太師，三公之最尊者。中書令，唐爲中書省長官。宋以太師、中書令爲贈官，不實授。

㉚ **皇祖府君** 修祖父名偃。

㉛ **尚書令** 官名。唐爲尚書省長官。宋以爲兼官或贈官，不實授。

㉜ **郊** 祭天也。古時帝王於冬至日在南郊祭天。

㉝ **褒大** 褒揚光大。

㉞ **錫命** 賜加爵服也。命，加爵服也。

㉟ **庇賴** 庇，庇護。賴，利也，恃也。

先母鄒孺人靈表

汪中

母諱維貞。先世①無錫②人，明末遷江都③；凡七支，其六皆絕，故亡其譜系④。父處士君⑤鼒，母張孺人。處士授學於家，母暇日於屏後聽之，由是塾中諸書皆成誦。張孺人蚤⑥沒，處士衰耗⑦，母盡心奉養，撫二弟有恩，家事以治。及歸於汪，汪故貧，先君子始爲贅婿；世父⑧將鬻⑨其宅，先主⑩無所置，母曰：「焉有爲人婦不事舅姑⑪者？」請於處士君，割別室奉焉。已而世叔父數人，皆來同爨⑫。先君子羸病⑬，不治生。母生子女各二，室無童婢，飲食衣屨，咸取具一身，月中不寢者恆過半。先君子下世⑭，世叔父益貧，久之散去。母教女弟子數人，且緝屨⑮以爲食，猶思與子女相保；直歲大饑，乃蕩然⑯無所託命矣。

再徙北城，所居止三席地，其左無壁，覆之以苫⑰。日常使姊守舍，攜中及妹，傫然⑱丐於親故，率⑲日不得一食；歸則藉藁於地⑳。每冬夜號寒，母子相擁，不自意全濟㉑，比㉒見晨光，則欣然有生望焉。迨中入學宮㉓，游藝㉔四方，稍致甘旨㉕之養。母百病交攻，緜歷㉖歲年，竟致不起。嗚呼痛哉！

母忠質慈祥，生平無妄言；接下以恩，多所顧念。方中幼時，三族㉗無見卹者。母九死㉘流離，撫其遺孤，至於成立。母稟氣㉙素強，不近醫藥。計母生七十有六年，少苦操勞，中苦饑乏，老苦疾疢㉚；重以天屬之乖㉛，人事之湮鬱㉜，蓋終其身，尠㉝一日之歡焉。論其摧剝㉞，金石可銷，況於血氣㉟？故吾母雖以中壽㊱告終，不得謂其夭年之止於是也。

嗚呼！生我之恩，送死之戚，人所同也；家獲再造，而積苦以隕身㊲行路㊳傷之，況在人子？嗚呼痛哉！以乾隆㊴五十二年七月辛丑朔卒，明年三月戊寅，合葬於先君子之墓，哀子㊵中泣血㊶爲之表，曰：

嗚呼！汪氏節母，此焉其墓。更百苦以保其後，後之人尚㊷保其封樹㊸。

〔註釋〕

① **先世** 祖先也。

②**無錫**　今江蘇省無錫縣。

③**江都**　今江蘇省江都縣。

④**譜系**　家譜，世系。

⑤**處世君**　有學行而隱君不仕者曰處士。鄒𣏌以儒生終老，故稱處士君。

⑥**蚤**　古通早。

⑦**衰耗**　衰老虛弱。耗，虛也。

⑧**世父**　伯父。《爾雅・釋親》：「父之昆弟，先生爲世父，後生爲叔父。」

⑨**鬻**　賣也。音ㄩˋ。

⑩**先主**　祖先之神主。

⑪**舅姑**　夫之父母。《爾雅・釋親》：「婦稱夫之父曰舅，稱夫之母曰姑。」

⑫**同爨**　同居共食。爨，炊也，音ㄘㄨㄢˋ。

⑬**羸病**　瘦弱多病。羸，瘦弱也，ㄌㄟˊ。

⑭**下世**　去世也。

⑮**緝屨**　製鞋。緝，縫製也。屨，痲鞋也，音ㄐㄩˋ。

⑯**蕩然**　如經洗除，空無所有。蕩，滌除也。

⑰ **苫** 編草如席以覆物者。音ㄕㄢ。

⑱ **儽然** 頹喪貌。儽音ㄌㄟˇ。

⑲ **率** 大概。

⑳ **藉藁於地** 鋪禾草於地，寢臥其上。藉，鋪墊。藁，禾稈。

㉑ **全濟** 安全渡過。

㉒ **比** 及也，音ㄅㄧˋ。

㉓ **入學宮** 入府州縣學為生員（秀才）。學宮，學舍也。按汪中二十歲補附學生。

㉔ **游藝** 游學講藝。

㉕ **甘旨** 美味，每用以稱人子養親之物。

㉖ **緜歷** 纏綿、延續。

㉗ **三族** 父族、母族、妻族。此處泛指親族而言。

㉘ **九死** 極言困厄之多。九為虛數，以表極多。

㉙ **稟氣** 先天之體質。稟，受也。

㉚ **疢疾** 疾病。疢，病也，音ㄔㄣˋ。

㉛ **天屬之乖** 與親人之分離也。天屬，猶天倫也。乖，分離也。按汪母三十八歲而寡，幼

子又夭折。

㉜**湮鬱** 滯塞不通、不順利。湮、鬱，皆含壅塞不通順之意。

㉝**尠** 尟之俗字，同鮮少之鮮，音ㄒㄢˇ。

㉞**摧剝** 摧，挫折。剝，傷害。

㉟**血氣** 指血肉之軀。

㊱**中壽** 中等之壽命。《淮南子・原道》以七十爲中壽。按汪母以七十六歲卒，此言中壽當依《淮南子》。

㊲**隕身** 死亡也。隕與殞通。殞，死也，音ㄩㄣˇ。

㊳**行路** 不相識之路人。

㊴**乾隆** 清高宗年號。

㊵**哀子** 母死父存者自稱哀子。

㊶**泣血** 謂居三年之喪也。

㊷**尙** 希望也。

㊸**封樹** 墳墓與樹木。封，聚土以爲墳；樹，植樹以標墓。

九、雜記類

姚姬傳《古文辭類纂・序目》曰：「雜記類者，亦碑文之屬。碑主於稱頌功德，記則所紀大小事殊。取義各異，故有作序與銘詩全用碑文體者，又有爲紀事而不以刻石者。柳子厚紀事小文，或謂之序，然實記之類也。」

按：雜記類大致可分爲九類：

第一、記樓臺亭閣者，如蘇軾〈超然臺記〉。

第二、記寺廟祠觀者，如歐陽修〈穀城縣夫子廟記〉。

第三、記官署學校者，如韓愈〈藍田縣丞廳壁記〉。

第四、記瑣事及軼聞者，如王安石〈傷仲永〉。

第五、記技巧者，如韓愈〈畫記〉。

第六、記遊覽者，如柳宗元山水諸記。

第七、記瑣物者，如蘇洵〈木假山記〉。

第八、日記，如曾國藩〈求闕齋日記〉。

第九、表譜，表如《史記》之年表、月表：《漢書》之八表。譜如《世本》之帝王譜、諸侯譜、洪興祖《韓愈年譜》。其他如鄭玄《詩譜》，又有記物之《花譜》、《茶譜》。

袁家渴記

柳宗元

由冉溪①西南，水行十里，山水之可取者五，莫若鈷鉧潭②。由溪口而西，陸行，可取者八九，莫若西山③。由朝陽巖④東南，水行至蕪江⑤，可取者三，莫若袁家渴。皆永⑥中幽麗奇處也。

楚越⑦之間方言⑧，謂水之反流者爲「渴」——音若「衣褐」之「褐」⑨。渴上與南館⑩高嶂⑪合，下與百家瀨⑫合，其中重洲、小溪、澄潭、淺渚，間廁⑬曲折，平者深墨，峻者沸白⑭，舟行若窮，忽又無際。有小山出水中，山皆美石，上生青叢⑮，冬夏常蔚然⑯。其旁多巖洞，其下多白礫⑰，其樹多楓⑱、枏⑲、石楠⑳、㮨㉑、櫧㉒、樟㉓、柚㉔，草則蘭、芷㉕，又有異卉，類合歡㉖而蔓生，轇轕㉗水石。每風自四山而下，振動大木，掩苒㉘眾草，紛紅駭綠㉙，蓊葧㉚香氣。衝濤旋瀨，退貯谿谷。搖颺葳蕤，與時推移㉛。其大都如此，余無以窮其狀。

永之人未嘗遊焉，余得之，不敢專也，出而傳於世。其地世主袁氏，故以名焉。

〔註　釋〕

① **冉溪**　發源湖南零陵縣南鴉山北，東流入湘水。又名染溪，柳宗元更名爲愚溪，並著有〈愚溪詩序〉。

② **鈷鉧潭**　位於零陵縣西三里，西山西麓。鈷鉧，熨斗，音ㄍㄨˇ ㄇㄨˇ；因潭形似熨斗而得名。

③ **西山**　位於零陵縣西瀟江邊，山勢極高，可俯視永州附近數州。柳氏著有〈始得西山宴遊記〉。

④ **朝陽巖**　位於零陵縣西。唐代宗大曆元年（西元七六六），元結以其巖高而東向，於是取名朝陽巖。

⑤ **蕪江**　位於零陵縣東。

⑥ **永**　即永州，今湖南省零陵縣。

⑦ **楚越**　楚，湖南爲古代楚地；越乃今之廣東。

⑧ **方言** 土話，以其僅限於一方人使用，不能通行各地，故曰方言。

⑨ **渴音若衣褐之褐** 《孟子・滕文公》：「許子衣褐。」渴、褐，皆音ㄏㄜˊ。

⑩ **南館** 地名。

⑪ **高嶂** 高險之山。

⑫ **百家瀨** 位於零陵縣南，今名百家渡。

⑬ **間廁** 夾雜排列。間，音ㄐㄧㄢˋ。

⑭ **峻者沸白** 水急者白浪滾滾，勢若沸騰。峻，水急。

⑮ **青叢** 叢叢青綠草木。聚木曰叢。

⑯ **蔚然** 草木盛貌。

⑰ **礫** 小石，音ㄌㄧˋ。

⑱ **楓** 落葉喬木，葉掌狀，或三裂，或五裂，至秋而紅。

⑲ **柟** 常綠喬木，葉長橢圓形，經冬不凋，一作楠，音ㄋㄢˊ。

⑳ **石楠** 常綠灌木，葉橢圓而滑，背褐色多毛，初夏開淡紅色花。

㉑ **楩** 即黃楩木，音ㄆㄧㄢˊ。

㉒ **櫧** 常綠喬木，樹皮色白，又名石面櫧，音ㄓㄨ。

㉓ **樟** 常綠喬木，葉卵形，質硬而有光，樹可製腦。

㉔ **柚** 常綠灌木，枝有刺，葉爲長卵形，音ㄧㄡˋ。

㉕ **蘭芷** 皆香草名。芷，音ㄓˇ。

㉖ **合歡** 落葉喬木，葉爲羽狀複葉，入夜即合，故又名合昏，夜合，亦名馬纓花。

㉗ **轇轕** 雜亂貌，音ㄐㄧㄠ ㄍㄜˊ。

㉘ **掩苒** 掩映也，光與影互相照映。

㉙ **紛紅駭綠** 形容紅花綠葉，風吹驚動貌。紛，多而雜亂。駭，驚動。

㉚ **蓊葧** 盛貌，音ㄨㄥˇ ㄅㄛˊ。

㉛ **搖颺葳蕤與時推移** 形容風吹則草木搖動飛揚，風停則靜止低垂，與風隨時改變。搖颺，搖動飛揚。颺，通揚，音ㄧㄤˊ。葳蕤，葉垂之貌，音ㄨㄟ ㄖㄨㄟˊ。推移，猶言轉變。

岳陽樓①記

范仲淹

慶曆四年②春，滕子京③謫④守巴陵郡⑤。越明年，政通人和⑥，百廢具興⑦，乃重修岳陽樓，增其舊制，刻唐賢今人詩賦於其上；屬⑧予作文以記之。

予觀夫巴陵勝狀⑨，在洞庭一湖⑩。銜遠山⑪，吞長江⑫，浩浩湯湯⑬，橫無際涯⑭；朝暉夕陰，氣象萬千⑮；此則岳陽樓之大觀⑯也，前人之述備矣。然則北通巫峽⑰，南極瀟湘⑱，遷客騷人⑲，多會於此，覽物之情，得無異乎？

若夫霪雨霏霏⑳，連月不開；陰風怒號，濁浪排空㉑；日星隱耀㉒，山岳潛形㉓；商旅不行，檣傾楫摧㉔；薄暮冥冥㉕，虎嘯猿啼；登斯樓也，則有去國懷鄉㉖、憂讒畏譏㉗、滿目蕭然㉘、感極而悲者矣。

至若春和景明㉙，波瀾不驚㉚，上下天光，一碧萬頃；沙鷗翔集㉛，錦鱗

㉜游泳，岸芷汀蘭㉝，郁郁青青㉞。而或長煙一空㉟，皓月千里㊱，浮光躍金㊲，靜影沈璧㊳，漁歌互答，此樂何極！登斯樓也，則有心曠神怡㊴、寵辱偕忘㊵、把酒臨風，其喜洋洋㊶者矣。

嗟夫㊷！予嘗求古仁人之心，或異二者之爲㊸，何哉？不以物喜，不以己悲㊹，居廟堂之高㊺，則憂其民；處江湖之遠㊻，則憂其君。是進亦憂，退亦憂；然則何時而樂耶？其必曰：「先天下之憂而憂，後天下之樂而樂」㊼乎！噫㊽！微斯人㊾，吾誰與歸㊿！時六年九月十五日。

〔註釋〕

① **岳陽樓** 位於湖南省岳陽城西門上，登樓可俯瞰洞庭湖。唐岳州刺史張說創建此樓。宋滕宗諒重修，范仲淹作記；蘇舜欽繕寫，邵竦篆額，號稱四絕。

② **慶曆四年** 慶曆，宋仁宗年號，四年爲西元一〇四四年。

③ **滕子京** 名宗諒，河南人，與仲淹同年進士，官天章閣待制。

④ **謫** 貶官。

⑤ **巴陵郡** 郡名，今湖南省岳陽縣。
⑥ **政通人和** 政事通順，人心和睦。
⑦ **百廢俱興** 許多荒廢事務皆興辦起來。具，通俱。
⑧ **屬** 同囑，音ㄓㄨˇ，請託。
⑨ **勝狀** 美景。
⑩ **洞庭湖** 位於湖南省岳陽縣，周圍四百餘里。
⑪ **銜遠山** 洞庭湖中有君山，狀如口中含物。
⑫ **呑長江** 收容長江之水，故曰呑。
⑬ **浩浩湯湯** 浩浩，水勢廣大貌。湯湯，水急流貌，音ㄕㄤ。
⑭ **橫無際涯** 縱橫廣大無邊。橫爲縱橫之省略。際涯，邊岸。
⑮ **氣象萬千** 氣候變化極大。
⑯ **大觀** 偉大景物。
⑰ **巫峽** 長江三峽之一，位於四川省巫山縣東，爲湖北入四川之門戶。
⑱ **瀟湘** 瀟水，發源湖南省寧遠縣南九疑山，至零陵縣西北入湘水，名曰瀟湘。湘水，發源廣西省興安縣海陽山，經長沙，入洞庭湖。

⑲ **遷客騷人** 被貶降政客、多愁善感詩人。遷，貶降、左遷。騷，憂也。

⑳ **霪雨霏霏** 綿密細雨下了甚久。霪雨，久雨。霪，音ㄧㄣˊ。霏霏，雨綿密狀。

㉑ **濁浪排空** 混濁波浪激起空中。排，激起。

㉒ **日星隱耀** 日星隱藏其光輝。耀，光輝。

㉓ **潛形** 隱藏形跡。

㉔ **檣傾楫摧** 帆柱傾倒，槳楫摧折。檣，帆柱，音ㄑㄧㄤˊ。

㉕ **薄暮冥冥** 昏暗傍晚。冥冥，昏暗貌。

㉖ **去國懷鄉** 離開國都、國君，懷念故鄉。古代君國一體，故去國可解爲離開國都、國君。

㉗ **憂讒畏譏** 憂慮詆毀，畏懼諷刺。讒，詆毀，音ㄔㄢˊ。譏，諷刺。憂由猿啼來，畏由虎嘯來。

㉘ **蕭然** 蕭條淒涼貌。

㉙ **春和景明** 春氣溫和，景色鮮明。

㉚ **波瀾不驚** 波瀾，波浪。不驚，不動也，即平靜。

㉛ **翔集** 翔，飛也。集，集合也。一說棲止。

㉜ **錦鱗** 魚鱗光彩美麗如錦，故稱錦鱗。鱗，魚類總稱。

㉝ **岸芷汀蘭** 芷、蘭，皆香草名。汀，水邊平地，音ㄊㄧㄥ。

㉞ **郁郁青青** 郁郁，香氣射散貌。司馬相如賦：「郁郁菲菲，衆香發越」。青青，音ㄐㄧㄥ，茂盛貌。《詩・衛風・淇奧篇》：「綠竹青青」。

㉟ **長煙一空** 萬里長空，雲煙盡散。一，盡、全也。

㊱ **皓月千里** 光明潔白月亮，普照天下。皓，光明潔白。

㊲ **浮光耀金** 浮現水面之月光，如金光閃爍，跳躍水面。

㊳ **靜影沈璧** 月影倒映平靜水中，如下沈璧玉之美。

㊴ **心曠神怡** 心胸開闊，精神愉快。

㊵ **寵辱偕忘** 得意、失意之事皆忘盡。

㊶ **洋洋** 欣喜得意貌。

㊷ **嗟夫** 感嘆詞，猶白話「唉啊」。

㊸ **或異二者之爲** 二者，指以物喜與以己悲者。爲，作法。

㊹ **不以物喜不以己悲** 不因外物美好而喜，不因己身遭遇困厄而悲。

㊺ **居廟堂之高** 居處於崇高朝廷爲官。

㊻ **處江湖之遠** 居處於偏僻遙遠鄉野。

㊼ **先天下之憂而憂後天下之樂而樂**　二語本於孟子對齊宣王語：「樂以天下，憂以天下」。

㊽ **噫**　嘆詞，猶白話「唉」。

㊾ **微斯人**　微，無也。斯人，指先憂後樂之仁人。

㊿ **吾誰與歸**　即「吾歸與誰」之倒文。歸與，歸附，歸向。一說「吾歸誰與」之倒文。與，歟也，語末助詞。

醉翁亭記

歐陽修

環滁①皆山也。其西南諸峰，林壑尤美。望之蔚然而深秀者，琅邪②也。山行六七里，漸聞水聲潺潺，而瀉出于兩峰之間者，釀泉③也。峰回路轉，有亭翼然，臨於泉上者，醉翁亭也。作亭者誰？山之僧智僊也。名之者誰？太守④自謂也。太守與客來飲于此，飲少輒醉，而年又最高，故自號曰醉翁也。醉翁之意不在酒，在乎山水之間也。山水之樂，得之心而寓之酒也。

若夫日出而林霏開，雲歸而巖穴暝，晦明變化者，山間之朝暮也。野芳發而幽香，佳木秀而繁陰，風霜高潔，水落而石出者，山間之四時也。朝而往，暮而歸，四時之景不同，而樂亦無窮也。

至於負者歌於塗，行者休於樹，前者呼，後者應，傴僂⑤提攜⑥，往來而不絕者，滁人遊也。臨溪而漁，溪深而魚肥；釀泉爲酒，泉香而酒洌；山肴野蔌，雜然而前陳者，太守宴也。宴酣之樂，非絲非竹，射者中⑦，奕者勝，觥籌⑧交錯，起坐而喧譁者，眾賓懽也。蒼顏白髮，頹然乎其間者，太守醉也。

已而，夕陽在山，人影散亂，太守歸而賓客從也。樹林陰翳，鳴聲上下，遊人去而禽鳥樂也。然而禽鳥知山林之樂，而不知人之樂；人知從太守遊而樂，而不知太守之樂其樂也。醉能同其樂，醒能述以文者，太守也。太守謂誰？廬陵⑨歐陽脩也。

〔註　釋〕

① **滁**　滁州，隋置，宋以後仍之，今安徽省滁縣。

② **琅邪**　亦作「瑯琊」，又作「瑯邪」。山名，在安徽省滁縣西南。

③ **釀泉**　一本作「讓泉」。

④ **太守**　官名，秦置治郡之官曰守，漢改爲太守，歷代因之；宋以後廢，惟俗亦稱知府爲太守。

⑤ **傴僂**　音ㄩˇ　ㄌㄡˊ，躬腰曲背。此指老人。

⑥ **提攜** 謂牽引以行。此指小孩。

⑦ **射者中** 《歐陽脩居士外集》有〈九射格〉一文，其制爲「一大侯而寓以八侯（侯爲射布，即箭靶），熊當中，虎居上，鹿居下，雕雉猿居右，雁兔魚居左，而物各有籌，射中其物，則視籌所在而飲之。」大約如今日射靶計分之遊戲。一說，古代主客燕飲相娛樂，每有投壺之事，壺頸長七寸，腹長五寸，口徑二寸半，容斗五升，距離席位二矢半遠。見《禮記・投壺・少儀篇》。

⑧ **觥籌** 觥，酒器，大七升，以兕角爲之。籌，行酒令時用來計數的東西，即籌碼。

⑨ **廬陵** 今江西吉安縣。

石鐘山記

蘇軾

《水經》①云：「彭蠡②之口，有石鐘山焉。」酈元③以為「下臨深潭，微風鼓浪，水石相搏，聲如洪鐘」；是說也，人常疑之。今以鐘磬④置水中，雖大風浪不能鳴也，而況石乎！至唐李渤⑥，始訪其遺蹤，得雙石於潭上，扣而聆⑤之，南聲函胡⑦，北音清越⑧，枹止響騰⑨，餘韻⑩徐歇；自以為得之矣。然是說也，余尤疑之，石之鏗然⑪有聲者，所在皆是也，而此獨以鐘名，何哉？

元豐七年⑫六月丁丑，余自齊安⑬舟行適臨汝⑭，而長子邁⑮將赴饒之德興尉⑯，送之至湖口，因得觀所謂石鐘者。寺僧使小童持斧，於亂石間擇其一二，扣之，硿硿然⑰；余固笑而不信也。至其夜，月明，獨與邁乘小舟至絕壁下。大石側立千尺，如猛獸奇鬼，森然欲搏人⑱；而山上棲鶻⑲聞人聲，亦驚起，磔磔⑳雲霄間；又有若老人欬㉑且笑於山谷中者，或曰：「此鸛鶴㉒也。」余心方動，欲還，而大聲發於水上，噌吰㉓如鐘鼓不絕。舟人大恐。徐而察之，則山下皆石穴罅㉔，不知其淺深；微波入焉，涵澹澎湃㉕而爲此也。舟迴至兩山間，將入港口，有大石當中流，可坐百人，空中而多竅，與風水相吞吐，有窾坎鏜鞳㉖之聲；與向之噌吰者相應，如樂作焉。因笑謂邁曰：「汝識之乎？噌吰者，周景王㉗之無射也；窾坎鏜鞳者，魏獻子之歌鐘㉘也；古之人不余欺也。」

事不目見耳聞而臆斷其有無，可乎？酈元之所見聞，殆與余同，而言之不詳。士大夫終不肯以小舟夜泊絕壁之下，故莫能知；而漁工水師㉙，雖知而不能言；此世所以不傳也。而陋者乃以斧斤考擊而求之，自以爲得其實。余是以記之，蓋歎酈元之簡，而笑李渤之陋也。

〔註　釋〕

① **水經**　前漢成帝至王莽間人桑欽所撰，凡三卷。魏酈道元作注，共四十卷，爲我國研究古代地理之重要著作。其寫景之美，尤冠絕古今。

② **彭蠡**　湖名，《書經・禹貢》稱彭蠡，今稱鄱陽湖，位於江西省。蠡，音ㄌㄧˇ。

③**酈元** 即酈道元，北魏涿人，字善長，官至關右大使，後爲叛將蕭寶夤所殺。道元嘗注《水經》，爲世所重。

④**磬** 石製樂器，相傳爲無句氏所作，音ㄑㄧㄥˋ。

⑤**李渤** 唐洛陽人，字濬之。曾任江州刺史，治鄱陽湖水，著有〈辨石鐘山記〉。

⑥**聆** 聽也，音ㄌㄧㄥˊ。

⑦**函胡** 形容聲音宏大。

⑧**清越** 形容聲音清澈遠揚。

⑨**枹止響騰** 鼓槌已停止而聲音猶響起。枹，同桴，鼓槌。

⑩**餘韻** 猶言餘音。

⑪**鏗然** 金石聲，音ㄎㄥ。

⑫**元豐七年** 元豐，宋神宗年號。七年（西元一〇八四年），蘇軾四十九歲。

⑬**齊安** 即黃州，今湖北省黃岡縣。

⑭**臨汝** 今湖南臨汝縣。

⑮**邁** 字伯達，官終駕部員外郎。

⑯**饒之德興尉** 饒，州名。德興，今江西省德興縣。尉，爲縣令屬官。

⑰ **硿硿然** 石聲。

⑱ **森然欲搏人** 森然，陰沈可怕之貌。搏，攫取。

⑲ **鶻** 又名鶻鷹，猛禽之一，音ㄍㄨˇ。

⑳ **磔磔** 鳥鳴聲，音ㄓㄜˊ。

㉑ **欬** 同咳，音ㄎㄜˊ，咳嗽也。

㉒ **鸛鶴** 形似鶴、鷺。鸛，音ㄍㄨㄢˋ。

㉓ **噌吰** 鐘聲，音ㄔㄥ ㄏㄨㄥˊ。

㉔ **罅** 空隙，音ㄒㄧㄚˋ。

㉕ **涵澹澎湃** 涵澹，水動貌。澎湃，波浪相激貌，音ㄆㄥ ㄆㄞˋ。

㉖ **窾坎鏜鞳** 窾坎，擊物聲，窾，音ㄎㄨㄢˇ。鏜鞳，鐘鼓聲，音ㄊㄤ ㄊㄚˋ。

㉗ **周景王之無射** 周景王，名貴，靈王子。無射，十二律之一。周景王二十三年鑄無射鐘，事見《國語・晉語》。射，音ㄧˋ。

㉘ **魏獻子之歌鐘** 魏獻子當作魏莊子，魏絳也，莊為其諡號。歌鐘，乃用於樂歌之編鐘，由十六個小鐘組成。

㉙ **漁工水師** 漁夫水手。

超然台記

蘇軾

凡物皆有可觀。苟有可觀，皆有可樂，非必怪奇瑋麗①者也。餔糟啜醨②，皆可以醉；果蔬草木，皆可以飽。推此類也，吾安往而不樂？

夫所爲求福而辭禍者，以福可喜而禍可悲也。人之所欲無窮，而物之可以足吾欲者有盡；美惡之辨戰乎中③，而去取之擇交乎前；則可樂者常少，而可悲者常多，是謂求禍而辭福。夫求禍而辭福，豈人之情也哉？物有以蓋④之矣。彼遊⑤於物之內，而不遊於物之外。物非有大小也，自其內而觀之，未有不高且大者也。彼挾其高大以臨我，則我常眩亂反覆⑥，如隙中之觀鬭，又烏知勝負之所在？是以美惡橫生，而憂樂出焉，可不大哀乎！

予自錢塘移守膠西⑦，釋舟楫之安，而服車馬之勞；去雕牆之美，而庇采椽⑧之居；背湖山之觀，而適桑麻之野。始至之日，歲比不登⑨，盜賊滿野，獄訟充斥；而齋廚索然⑩，日食杞菊⑪，人固疑予之不樂也。處之期年而貌加豐，髮之白者日以反黑；予既樂其風俗之淳，而其吏民亦安予之拙也。於是治其園圃，潔其庭宇，伐安邱高密⑫之木，以修補破敗，爲苟完之計⑬。而園之北，因城以爲臺者，舊矣，稍葺⑭而新之。時相與登覽，放意肆志焉。⑮

南望馬耳常山⑯，出沒隱見，若近若遠，庶幾有隱君子乎！而其東則盧山⑰，秦人盧敖⑱之所從遁也。西望穆陵⑲，隱然如城郭，師尚父齊桓公之遺烈⑳，猶有存者。北俯濰水㉑，慨然太息，思淮陰㉒之功，而弔其不終㉓。臺高而安，深而明，夏涼而冬臨。雨雪之朝，風月之夕，予未嘗不在，客未嘗不從。擷㉔園蔬，取池魚，釀秫㉕酒，瀹㉖脫粟㉗而食之，曰：「樂哉遊乎！」

方是時，予弟子由㉘適在濟南㉙，聞而賦之㉚，且名其臺曰「超然」，以見予之無所往而不樂者，蓋遊於物之外者也。

〔註　釋〕

① **瑋麗**　珍貴美麗。

②**餔糟啜醨** 食酒糟飲薄酒。餔，音ㄅㄨ，食。糟，酒滓。啜，音ㄔㄨㄛˋ，飲。醨，薄酒。

③**戰乎中** 在心中衝突。

④**蓋** 掩蓋、蒙蔽。

⑤**遊** 遊心，涉想。

⑥**眩亂反覆** 迷亂顛倒，不明眞象。

⑦**錢塘** 古縣名，今杭州。膠西：亦古縣名，在今山東省膠西縣西，此指密州（今山東省諸誠縣）。

⑧**采椽** 采，木名，同棌，即櫟木。椽，音ㄔㄨㄢˊ。棌上承屋瓦的短木。以棌爲椽不予刮削，形容房屋簡陋。

⑨**歲比不登** 連年收成不好。比，連續。不登，指收成不好。

⑩**齋廚索然** 廚房無物可食。齋廚，爲齋食之廚房，此指廚房而言。索，完盡。

⑪**杞菊** 枸杞和菊花，其苗葉花實可食用。

⑫**安邱** 縣名，在今山東省濰坊市東南。高密：縣名，在今山東省諸城縣北。

⑬**苟完之計** 苟且偷生的打算。

⑭**葺** 音ㄑㄧˋ，修補。

⑮ **放意肆志** 放縱意志，馳騁情懷。
⑯ **馬耳** 山名，位於諸城縣南五里。常山：山名，位於諸城縣南二十里。
⑰ **盧山** 位於諸城縣南三十里，本名故山，因盧敖而更名。
⑱ **盧敖** 燕人，秦始皇使盧敖求神仙，逃而未返，即避難盧山得道，山陽有盧敖洞。
⑲ **穆陵** 關名，故址在今山東臨朐縣東南大峴山上。
⑳ **師尚父齊桓公之遺烈** 師尚父，即呂尚，俗稱姜太公；西周初年官太師，也稱師尚父。太公初封於齊，桓公稱霸於齊，故云遺烈。
㉑ **濰水** 河名，源出山東省五蓮縣西南之箕屋山，流經諸城，至昌邑縣入海。
㉒ **淮陰** 指淮陰侯韓信。曾在濰水擊敗楚軍而定齊。
㉓ **弔其不終** 哀念他不得善終。韓信被呂后謀害於長樂宮鐘室。
㉔ **擷** 音ㄐㄧㄝˊ，採取。
㉕ **秫** 音ㄕㄨˊ，糯米。
㉖ **瀹** 音ㄩㄝˋ，煮。
㉗ **脫粟** 糙米。
㉘ **子由** 東坡弟蘇轍之字，時轍在齊州（濟南）掌書記。

㉙ **濟南** 府名，今山東省濟南市。

㉚ **聞而賦之** 蘇轍聽到這些情況，就寫了一篇〈超然臺賦〉。

遊褒禪山記

王安石

褒禪山①，亦謂之華山，唐浮圖②慧褒③，始舍於其址，而卒葬之，以故其後名之曰褒禪。今所謂慧空禪院者，褒之廬冢也。距其院東五里，所謂華陽洞者，以其在華山之陽④名之也。距洞百餘步，有碑仆道，其文漫滅⑤，獨其爲文猶可識曰「花山」，今言華如華實之華者，蓋音謬也。

其下平曠，有泉側出，而記遊者甚眾，所謂前洞也。由山以上五六里，有穴窈然⑥，入之甚寒，問其深，則雖好遊者不能窮也，謂之後洞。余與四人擁火以入，入之愈深，其進愈難，而其見愈奇。有怠而欲出者，曰：「不出，火且盡」；遂與之俱出。蓋予所至，比好遊者尚不能什一，然視其左右，來而記之者已少；蓋其又深，則其至又加少矣。方是時，予之力尚足以入，火尚足以明也。既其出，則或咎⑦其欲出者，而予亦悔其隨之，而不得極夫遊之樂也。

於是予有歎焉：古人之觀於天地、山川、草木、蟲魚、鳥獸，往往有得；以其求思之深，而無不在⑧也。夫夷以近，則遊者衆；險以遠，則至者少；而世之奇偉瑰怪⑨非常之觀，常在於險遠而人之所罕至焉；故非有志者不能至也。有志矣，不隨以止也，然力不足者亦不能至也；有志與力，而又不隨以怠，至於幽暗昏惑⑩，而無物以相⑪之，亦不能至也。然力足以至焉而不至，於人爲可譏，而在己爲有悔；盡吾志也，而不能至者，可以無悔矣，其孰能譏之乎？此予之所得也！

余於仆碑，又以悲夫古書之不存，後世之謬其傳而莫能名者，何可勝⑫道也哉！此所以學者不可以不深思而愼取之也。

四人者：廬陵⑬蕭君圭君玉⑭；長樂⑮王回深父⑯；余弟安國平父⑰，安上純父⑱。

至和⑲元年七月某日，臨川王某記。

——臨川先生文集——

〔註釋〕

① **褒禪山** 山名。原名北山，又名華山，在今安徽省含山縣北。以唐僧慧褒居此而得名。
② **浮圖** 印度梵語「佛陀」之異譯，亦作浮屠、佛圖，即佛之意。此處指僧。
③ **慧褒** 唐高僧之法號。
④ **陽** 山南水北爲陽，山北水南爲陰。
⑤ **漫滅** 模糊不清。漫，漫漶，不分別貌。滅，消滅。
⑥ **窈然** 深遠貌。窈，音ㄧㄠˇ。
⑦ **咎** 歸罪，音ㄐㄧㄡˋ。
⑧ **在** 察也。
⑨ **瑰怪** 奇異也。
⑩ **昏惑** 迷亂也。
⑪ **相** 助也，音ㄒㄧㄤˋ。
⑫ **勝** 盡也，音ㄕㄥ。
⑬ **廬陵** 今江西省吉安縣。

⑭ **蕭君圭君玉** 蕭君圭，字君玉，生平不詳。

⑮ **長樂** 今福建省長樂縣。

⑯ **王回深父** 王回，字君父（父音ㄈㄨˇ，同甫）侯官（今林森縣）人。王安石之友。

⑰ **安國平父** 安國，字平父，安石之弟。後爲呂惠卿所害，罷官歸。

⑱ **安上純父** 安上，字純父，安石最幼之弟，生平未詳。

⑲ **至和** 宋仁宗年號。

登泰山記

姚鼐

泰山之陽①，汶水②西流；其陰③，濟水④東流。陽谷⑤皆入汶，陰谷皆入濟。當其南北分者，古長城也。最高日觀峰，在長城南十五里。

余以⑥乾隆三十九年十二月，自京師乘風雪，歷齊河、長清，穿泰山西北谷，越長城之限，至於泰安⑦。是月丁未，與知府朱孝純子穎⑧，由南麓登。四十五里，道皆砌石爲磴⑨，其級七千有餘。泰山正南面有三谷：中谷繞泰安城下，酈道元⑩所謂環水⑪也。余始循以入，道少半，越中嶺，復循西谷，遂至其巔。古時登山，循東谷入，道有天門⑫。東谷者，古謂之天門谿水，余所不至也。今所經中嶺及山巔崖限當道者，世皆謂之天門云。道中迷霧、冰滑、磴幾不可登。及既上，蒼山負雪，明燭⑬天南。望晚日照城郭，汶水、徂徠⑭如畫，而半山居⑮霧若帶然。

戊申晦，五鼓⑯，與子穎坐日觀亭待日出。大風揚積雪擊面。亭東自足下皆雲漫，稍見雲中白若摴蒱⑰數十立者，山也。極天雲一線異色，須臾成五采，日上正赤如丹⑱，下有紅光動搖承之。或曰：「此東海也。」回視日觀之西峰，或得日，或否，絳皜駁色⑲，而皆若僂⑳。亭西有岱祠㉑，又有碧霞元君㉒祠。皇帝行宮㉓在碧霞元君祠東。是日觀道中石刻，自唐顯慶㉔以來，其遠古刻盡漫失㉕；僻不當道者，皆不及往。

山多石少土。石蒼黑色，多平方，少圓。少雜樹，多松，生石罅㉖，皆平頂。冰雪，無瀑水，無鳥獸音跡。至日觀數里內無樹，而雪與人膝齊。桐城姚鼐記。

〔註釋〕

① **泰山之陽** 泰山爲我國五嶽中的東嶽，位於今山東省西部，長約二〇〇公里，海拔約一五二四公尺。山南水北曰陽。

② **汶水** 發源於山東萊蕪縣東北原山，流經泰安縣，入運河。

③ **陰** 山北水南爲陰。

④ **濟水** 亦稱允水，發源於河南省濟源縣西，流經山東入海。

⑤ **陽谷** 山南溪谷。

⑥ **乾隆** 清高宗年號。

⑦ **泰安** 清代山東府治，爲登泰山之入口。

⑧ **朱孝純子穎** 朱孝純，字子穎，山東歷城人，乾隆進士，當時任泰安知府。善畫，其詩雄放，著有《寶扇樓詩集》。

⑨ **磴** 石階，音ㄉㄥˋ。

⑩ **酈道元** 字善長，北魏范陽涿鹿人。撰《水經注》四十卷，文筆清麗，工於描寫山水景物。

⑪ **環水** 泰安的護城河。

⑫ **天門** 泰山的地名，是秦、漢帝王祭天之處。

⑬ **燭** 照耀。

⑭ **徂徠** 山名，在泰安縣東南。音ㄘㄨˊ ㄌㄞˊ。

⑮ **居** 停留。

⑯ **五鼓** 五更，大約清晨三點至五點。古時一夜分五更。

⑰**摴蒱** 古代賭具，共五子，又名五木，以木製成，有黑有白。音ㄕㄨ ㄆㄨˊ。

⑱**正赤如丹** 純紅色如朱砂。丹，朱砂。

⑲**絳皜駁色** 紅白顏色錯雜。絳，大紅色，音ㄐㄧㄤˋ。皜，白色，音ㄏㄠˋ。駁，雜也。

⑳**若僂** 好像彎腰曲背。僂音ㄌㄡˊ。

㉑**岱祠** 即東嶽廟，奉祀泰山之神東嶽大帝。

㉒**碧霞元君** 女神名，是東嶽大帝的女兒，宋眞宗東封泰山時所建。

㉓**行宮** 君王出巡臨時的住所。

㉔**顯慶** 唐高宗的年號。

㉕**漫失** 磨滅消失。

㉖**罅** 裂縫，音ㄒㄧㄚˋ。

十、箴銘類

姚姬傳《古文辭類纂·序目》曰：「箴銘類者，三代有其體矣。聖賢所以自戒警之義，其辭尤質，而意尤深。若張子作〈西銘〉，豈獨其理之美耶？其文固未易幾也。」

按：箴銘之文，以消極警戒，或積極勉勵方式，飭勵人己，使有所警惕黽勉以進德業。箴之用，在消極攻疾防患，要在確切，否則辭涉游移，便失禦過之用。銘之用，在積極獎勉德業，要在弘潤，否則旨不弘，辭不潤，便不成積極文章。箴銘以四字句叶韻爲多，亦有用散文或長短句叶韻者。

座右銘

崔瑗

無道人之短，無說己之長。施人愼勿念，受施愼勿忘。世譽①不足慕，惟仁爲紀綱②。隱心而後動③，謗議庸何傷④？無使名過實，守愚聖所臧⑤。在涅貴不緇⑥，曖曖內含光⑦。柔弱生之徒，老氏誡剛強⑧。行行鄙夫志⑨，悠悠故難量⑩。愼言節飲食，知足勝不祥⑪。行之苟有恆，久久自芬芳⑫。

〔註釋〕

① **世譽** 世俗之虛名。

② **惟仁爲紀綱** 一切言行皆以仁爲規範。仁乃孔子學說中心思想，爲人處世之規範，包含盡己之忠，與推己之恕。紀綱，網上粗繩曰綱，細繩曰紀，引伸有規範之意。

③ **隱心而後動** 意謂凡事先問是否心安然後才做。《爾雅・釋詁》：「隱，安也。」

④ **謗議庸何傷** 凡事只要問心無愧，對於他人毀謗何必傷心。

⑤ **守愚聖所臧**　固守質樸本性，乃聖人所稱善。《老子》：「古之善爲道者，非以明民，將以愚之。」河上公註：「愚之，使朴質不詐僞也。」臧，善也，音ㄗㄤ。

⑥ **在涅貴不緇**　雖處污濁環境，應潔身自好，不爲其污染。涅，黑色染料，音ㄋㄝˋ；緇，黑，音ㄗ。

⑦ **曖曖內含光**　做人應光輝暗藏，切忌光芒外露。曖曖，光輝暗藏貌，音ㄞˋ。

⑧ **柔弱生之徒老氏誡剛強**　《老子》：「人之生也柔弱，其死也堅強。草木之生也柔脆，其死也枯槁。故堅強者死之徒，柔弱者生之徒。」柔弱，謂外柔內剛，有韌性之堅忍。剛強，謂血氣之勇，非義理之勇之剛正。

⑨ **行行鄙夫志**　好逞血氣之勇，乃是知識淺陋者之想法。行行，剛強貌，音ㄏㄤˋㄏㄤˋ。鄙夫，知識淺陋之人。

⑩ **悠悠故難量**　爲人當淡泊明志，寧靜致遠，故前途不可限量。悠悠，神情安閒，心思幽遠貌。

⑪ **知足勝不祥**　凡事能適可而止，不貪求非分，即可制止不吉利事情發生。《老子》：「知足不辱，知止不殆，可以長久。」

⑫ **芬芳**　德被四方，猶如花香之四播。

西銘

張載

乾稱父，坤稱母①；予茲藐焉，乃混然中處②。故天地之塞，吾其體③；天地之帥，吾其性④。民吾同胞，物吾與也⑤。大君者，吾父母宗子⑥；其大臣，宗子之家相也。尊高年，所以長其長；慈孤弱，所以幼其幼。聖其合德⑦，賢其秀也⑧。凡天下疲癃殘疾，惸獨鰥寡⑨，皆吾兄弟之顚連⑩而無告者也。于時保之，子之翼也⑪。樂且不憂，純乎孝者也⑫。違曰悖德⑬，害仁曰賊⑭。濟惡者不才⑮；其踐形惟肖者也⑯。知化，則善述其事；窮神，則善繼其志⑰。不愧屋漏爲無忝⑱；存心養性爲匪懈⑲。惡旨酒，崇伯子之顧養⑳；育英才，潁封人之錫類㉑。不弛勞而底豫，舜其功也㉒；無所逃而待烹，申生其恭也㉓。體其受而歸全者，參乎㉔；勇於從而順令者，伯奇也㉕。富貴福澤，將厚吾之生也㉖；貧賤憂戚，庸玉女於成也㉗。存，吾順事㉘；沒，吾寧也㉙。

〔註釋〕

① **乾稱父坤稱母**　古人以天地爲萬物之父母。《易・說卦傳》：「乾，天也，故稱乎父；坤，地也，故稱乎母。」

② **予茲藐焉乃混然中處**　藐小之吾與萬物混雜居處於天地之間。藐焉，猶藐然，渺小也。

③ **故天地之塞吾其體**　乾坤陰陽，此天地之氣，充塞於兩間，爲人類所資以爲體者也。《孟子・公孫丑》：「其爲氣也，至大至剛，以直養而無害，則塞於天地之間。」

④ **天地之帥吾其性**　朱熹曰：「乾健坤順，此天地之志，爲氣之帥，而人物之所得以爲性者也。」《孟子・公孫丑》：「夫志，氣之帥也。」

⑤ **民吾同胞物吾與也**　視他人如同胞，視萬物如同類。同胞，同父母所生者。與，同類也。

⑥ **大君者吾父母宗子**　天子乃繼承天地，統理萬物，故爲宗子。大君，指天子。宗子，嫡長子也。古時以嫡長子主祭祀，爲族人所宗，故曰宗子。

⑦ **聖其合德**　聖人乃與天地合德者。合，通也、同也。

⑧ **賢其秀也**　賢人乃人類中才德優越者。其，猶乃也。

⑨ **疲癃殘疾惸獨鰥寡**　疲癃，指衰頹老病。癃，音ㄌㄨㄥˊ。殘，殘廢。病，疾病。惸，無兄

弟，音ㄑㄩㄥˊ。獨，無子孫。

⑩ **顚連** 因頓也。

⑪ **于時保之子之翼也** 能保護顚連無告者，乃助天以養民之善行。于時，猶於是。翼，助也。

⑫ **樂且不憂純乎孝者也** 能樂天安命，不憂貧困，乃純良孝子。

⑬ **違曰悖德** 違背天理者曰背德。悖，背也，音ㄅㄟˋ。

⑭ **害仁曰賊** 毀滅人性，傷害天理者曰賊。《孟子・梁惠王》：「賊仁者謂之賊，賊義者謂之殘；殘賊之人，謂之一夫。」

⑮ **濟惡者不才** 助長罪惡者，謂之不肖。濟，助也。

⑯ **其踐形惟肖者也** 能盡人性，實踐人道者，乃爲天地父母之好兒女。踐，行也。肖，骨肉相似也。

⑰ **知化則善述其事窮神則善繼其志** 了解天地化育萬物之理，則遵循其事理而爲。述，循也。能窮究天地之神明，則善加繼承其心志。《中庸》：「夫孝者，善繼人之志，善述人之事者也。」

⑱ **不愧屋漏爲無忝** 雖獨處暗室，猶能謹言慎行，問心無愧，乃爲不辱父母。屋漏，指屋

之西北隅隱暗之處。忝，辱也，音ㄊㄧㄢˇ。

⑲**存心養性爲匪懈**　保存仁心，修養天性，乃爲剛健不息者。《孟子・盡心》：「存其心，養其性，所以事天也。」

⑳**惡旨酒崇伯子之顧養**　遏止私欲，不爲酒困，乃崇伯子夏禹事奉父母之道。旨，美也。崇伯，禹父鯀封於崇，故稱崇伯。

㉑**育英才潁封人之錫類**　人能教育英才，猶如潁考叔以孝親之心感化鄭莊公，賜惠同類。事見《左傳・隱公元年》。

㉒**不弛勞而底豫舜其功也**　能勤勞不鬆懈工作以得父母歡喜，乃舜盡孝道之功。事見《孟子・離婁上》。底，致也，音ㄓˇ。豫，樂也。

㉓**無所逃而待烹申生其恭也**　此言申生不敢逃亡而待烹殺，可謂恭順之至。申生，春秋晉獻公世子。事見《左傳・僖公四年》。

㉔**體其受而歸全者參乎**　能體念全受全歸之理者，乃曾參之大孝。《禮記・祭義》：「父母全而生之，子全而歸之，可謂孝矣。不虧其體，不辱其身，可謂全矣。」

㉕**勇於從而順令者伯奇也**　勇敢順從父母之命，乃尹伯奇之孝。伯奇，周尹吉甫之子。伯奇無罪，爲後母讒而被逐，作〈履霜操〉。

㉖ **富貴福澤將厚吾生也**　富貴福澤，乃天地厚愛於我。

㉗ **貧賤憂戚庸玉女於成也**　貧賤憂傷，乃天地欲磨練我，愛護我，使我有所成就。庸，殆也。女同汝。玉，寶愛也。

㉘ **存吾順事**　生存之時，則順天理以行事。

㉙ **歿吾寧也**　歿則心安理得，無愧於天地。

十一、頌贊頌

姚姬傳《古文辭類纂·序目》曰：「頌贊類者，亦詩頌之流，而不必施於金石者也。」

按：頌贊類者，以頌揚贊美之方式，表示對人、事或物之欽崇，其效用在顯示作者景仰心情，而使人有所感奮。或頌贊人，如揚雄〈趙充國頌〉；或頌贊事，如韓愈〈子產不毀鄉校頌〉；或頌贊物，如蘇軾〈韓幹畫馬贊〉。眞德秀云：頌贊體例，貴乎贍麗宏肆，而有雍容俯仰，頓挫起伏之態，乃爲佳作。大抵以四字句叶韻者爲多，亦有用散文長短叶韻者。

項羽本紀贊

司馬遷

太史公曰：「吾聞之周生①曰：『舜目蓋重瞳子②。』又聞項羽亦重瞳子。羽豈其苗裔③邪？何興之暴④也！夫秦失其政，陳涉首難⑤，豪傑蠭起⑥，相與並爭，不可勝數。然羽非有尺寸⑦，乘勢起隴畝⑧之中，三年，遂將五諸侯⑨滅秦，分裂天下而封王侯，政由羽出，號爲霸王；位雖不終，近古以來，未嘗有也。及羽背關懷楚⑩，放逐義帝⑪而自立，怨王侯叛己，難矣！自矜功伐⑫，奮其私智，而不師古⑬，謂霸王之業，欲以力征。經營天下，五年，卒亡其國，身死東城⑭。尚不覺寤⑮，而不自責，過矣！乃引『天亡我，非用兵之罪也』，豈不謬哉？」

〔註　釋〕

① **周生**　漢時儒者，不知其名。生乃對人之尊稱，猶現在稱先生。

②**重瞳子**　眼球中有雙瞳孔。古人以重瞳爲神異之相。

③**苗裔**　謂人之後代也。《離騷》：「帝高陽之苗裔兮。」朱熹注：「苗者，草之莖葉，根所生也；裔者，衣裾之末，衣之餘也，故以爲遠代子孫之稱。」

④**暴**　急也。

⑤**陳涉首難**　陳勝，字涉，秦陽城人。與吳廣俱戍漁陽，失期當斬，乃揭竿起義以抗秦，自立爲楚王。後爲秦將章邯所敗。

⑥**蠭起**　喻多而雜亂也。一作蜂出。

⑦**尺寸**　些少之意。此指些許土地之憑借。

⑧**隴畝**　猶言民間。

⑨**五諸侯**　指齊、燕、韓、趙、魏五國。

⑩**背關懷楚**　指項羽背棄關中，懷念楚地，建都彭城之事。一說背關乃指背約，不王高祖於關中。

⑪**義帝**　楚懷王孫心，項梁立以爲楚懷王，項羽尊之爲義帝，後徙之長沙，復陰令人擊殺之江中。

⑫**自矜功伐**　謂自矜其功，自誇其能。伐，誇功也。

⑬ **師古** 效法古人。

⑭ **東城** 位於今安徽省定遠縣東南。

⑮ **寤** 通悟。

孔子世家①贊

司馬遷

太史公曰：「《詩》有之：『高山仰止，景行行止②。』雖不能至，然心鄉③往之。余讀孔氏書，想見其為人。適魯，觀仲尼廟堂，車服禮器。諸生以時習禮其家。余低回④留之，不能去云。天下君王至於賢人，眾矣！當時則榮，沒則已焉。孔子布衣⑤，傳十餘世，學者宗之。自天子王侯，中國言六藝者，折中⑥於夫子，可謂至聖矣！」

〔註　釋〕

① **世家**　依照《史記》體例，凡爲天子作傳，稱爲本紀；爲諸侯作傳，稱爲世家；爲將相名人作傳，稱爲列傳。

② **高山仰止景行行止**　意謂高山可仰而陟之矣，大道可以行而至之矣。兩「止」字同「之」。景行，大道。此處以高山、景行比喻孔子道德學問之崇高偉大。語出《詩經·

小雅・車舝篇》。

③**鄉** 同嚮。

④**低回** 徘徊留戀。

⑤**布衣** 指平民。古代平民除老年可衣帛外，餘大都穿麻布衣服，故以布衣代稱平民。

⑥**折中** 調節過與不及，使合乎中道也。亦作折衷。折，斷也。中，當也。

十二、辭賦類

姚姬傳《古文辭類纂・序目》曰：「辭賦類者，風雅之變體也，楚人最工爲之，蓋非獨屈子而已。余嘗謂〈漁父〉、及〈楚人以弋說襄王〉，宋玉〈對王問遺行〉，皆設辭無事實，皆辭賦類耳，太史公、劉子政不辨，而以事實載之，蓋非是。辭賦固當有韻，然古人亦有無韻者，以義在託諷，亦謂之賦耳。漢世校書有辭賦略，其所列者甚當。昭明太子《文選》分體碎雜，其立名多可笑者，後之編集者，或不知其陋而仍之。余今編辭賦，一以漢略爲法。古文不取六朝人，惡其靡也。獨辭賦則晉宋人猶有古人韻格存焉。惟齊梁以下，則辭益俳而氣益卑，故不錄耳。」

按：古來論文體者，皆以爲辭賦出於詩。姚氏以爲辭賦爲風雅之變體，乃以風雅代表《詩經》，非與頌無關也。章學誠《文史通義》云：「古者賦家者流，原本詩騷，出入戰國諸子。假設問對，莊列寓言之遺也；恢廓聲勢，蘇張縱橫之體也；排比諧隱，韓非儲說之屬也。」章氏所謂假設諧隱，乃詩之比興；恢廓聲勢，詩之賦也。由詩遞變爲興於楚，盛於兩漢之賦，縱橫家實爲其轉捩，蓋縱橫家之辭令，即由詩中簡練而出，故喜用設辭託諷之諧隱，而設辭託諷乃爲辭賦之特徵。《漢書・藝文志》本劉歆七略，有詩賦略。賦分四類：一爲屈原賦，以言情爲主；二爲孫卿賦，以效物爲主；三爲陸賈賦，以議論爲主；四爲雜賦。齊梁而後，以迄於唐，文則盛行駢文，詩則變爲律詩，而賦亦有律賦；不但必須叶韻，且拘於駢偶形式。至宋則有散文之賦，稱爲散賦；如歐陽修〈秋聲賦〉，蘇軾〈赤壁賦〉，頗得古賦之遺旨。

歸去來辭並序

陶淵明

余家貧，耕植不足以自給。幼稚盈室①，缾無儲粟②。生生③所資，未見其術。親故多勸余爲長吏④，脫然有懷⑤，求之靡途。會有四方之事⑥，諸侯以惠愛爲德；家叔⑦以余貧苦，遂見用於小邑。於時風波未靜⑧，心憚遠役。彭澤去家百里⑨，公田之利，足以爲酒⑩，故便求之。及少日，眷然有歸與之情⑪。何則？質性自然，非矯厲所得⑫；饑凍雖切，違己交病。嘗從人事，皆口腹自役⑬。於是悵然慷慨，深愧平生之志。猶望一稔⑭，當斂裳宵逝⑮。尋程氏妹喪於武昌⑯，情在駿奔⑰，自免去職。仲秋至冬，在官八十餘日。因事順心，命篇曰〈歸去來兮〉。序乙巳歲十一月也。

歸去來兮！田園將蕪，胡⑱不歸？既自以心爲形役⑲，奚惆悵⑳而獨悲？悟已往之不諫，知來者之可追㉑；實迷途其未遠㉒，覺今是而昨非。舟遙遙以輕颺㉓，風飄飄而吹衣。問征夫㉔以前路，恨晨光之熹微㉕。

乃瞻衡宇㉖，載㉗欣載奔。僮僕歡迎，稚子候門。三徑就荒㉘，松菊猶存。攜幼入室，有酒盈樽。引壺觴㉙以自酌，眄庭柯以怡顏㉚；倚南牕以寄傲㉛，審容膝㉜之易安。園日涉以成趣，門雖設而常關。策扶老以流憩㉝，時矯首而遐觀㉞。雲無心以出岫㉟，鳥倦飛而知還。景翳翳㊱以將入，撫孤松而盤桓㊲。

歸去來兮！請息交以絕遊。世與我而相遺，復駕言㊳兮焉求？悅親戚之情話，樂琴書以消憂。農人告余以春及，將有事於西疇㊴。或命巾車㊵，或棹㊶孤舟，既窈窕以尋壑㊷，亦崎嶇㊸而經丘。木欣欣以向榮㊹，泉涓涓㊺而始流。羨萬物之得時，感吾生之行休㊻。

已矣乎！寓形宇內㊼復幾時，曷不委心任去留㊽！胡爲遑遑㊾欲何之？富貴非吾願，帝鄉㊿不可期。懷良辰以孤往(51)，或植杖而耘耔(52)。登東皋以舒嘯，臨清流而賦詩，聊乘化以歸盡(53)。樂夫天命復奚疑(54)？

〔註　釋〕

① **幼稚盈室**　形容家中子女衆多。據淵明〈責子詩〉所言共有：阿舒、阿宣、雍、端、通

等五子。

② **缾無儲粟** 意謂家貧無糧也。缾，同瓶。

③ **生生** 猶言維持生活。

④ **長吏** 謂吏秩之尊者。《漢書・景帝紀》：「吏六百石以上皆長吏也。」長，音ㄓㄤˇ。

⑤ **脫然有懷** 脫然，無累貌。有懷，有求祿意念。

⑥ **四方之事** 淵明當建威將軍劉敬宣參軍，奉使至建康事。四方，指諸侯。

⑦ **家叔** 疑指陶宏。宏乃侃之孫，襲封長沙郡公。淵明爲彭澤令，係由其叔宏所薦。

⑧ **風波未靜** 指當時政治軍事局勢不得平靜，先後有桓玄造反、劉裕起兵等事。

⑨ **彭澤去家百里** 彭澤在今江西省湖口縣東。淵明家在潯陽柴桑，在今江西省九江縣。

⑩ **足以爲酒** 宋本《靖節先生集》酒作潤。潤，潤澤生計。

⑪ **眷然有歸與之情** 眷然，懷戀貌。歸與之情，歸鄉之意也。

⑫ **矯厲所得** 矯情勵節所得改變。

⑬ **口腹自役** 猶言爲生活而奔走忙碌。

⑭ **稔** 穀熟曰稔，此處一稔指一年，音ㄖㄣˇ。

⑮ **斂裳宵逝** 猶言整理衣裳，悄悄還鄉。

⑯ **尋程氏妹喪於武昌**　尋，不久也。淵明厭惡居官之苦，託辭妹喪而去官辭職。

⑰ **駿奔**　迅速奔喪。駿，迅速也。

⑱ **胡**　何也。

⑲ **心爲形役**　意謂爲謀生而違逆本性。

⑳ **奚惆悵**　奚，何也。惆悵，失意憂愁貌，音ㄔㄡˊ ㄔㄤˋ。

㉑ **悟已往之不諫知來者之可追**　言已往爲官雖不可諫，今將歸隱田園，猶可改進違逆本性之過。《論語・微子》楚狂接輿歌曰：「往者不可諫，來者猶可追。」

㉒ **實迷途其未遠**　指違背本性爲官，猶人走錯路，所幸僅八十三日，雖錯而未遠。

㉓ **颺**　通揚，搖蕩也，音ㄧㄤˊ。

㉔ **征夫**　行人。

㉕ **熹微**　微明也，指晨光未亮時刻。

㉖ **衡宇**　衡，以橫木爲門也。宇，屋邊。

㉗ **載**　助詞，無義。

㉘ **三徑就荒**　園宅中小路將荒，徑，小路，以接高士，以無人行，故將荒。就，將也。

㉙ **觴**　酒器，音ㄕㄤ。

㉚ **眄庭柯以怡顏**　眼見庭樹枝葉扶疏，不覺容色愉悅。眄，斜視也，音ㄇㄧㄢˇ。

㉛ **寄傲**　寄託曠達不拘之高傲本性。

㉜ **容膝**　形容居處狹小，僅堪容膝。

㉝ **策扶老以流憩**　扶著手杖，隨處休息。策，扶也。扶老，手杖別名。以，助詞，猶而。流憩，休息也。

㉞ **時矯首而遐觀**　有時舉首遠望四方美景。矯首，舉首。遐，遠也，音ㄒㄧㄚˊ。

㉟ **雲無心以出岫**　浮雲由山穴而出遊，自喻無心作官。《爾雅・釋山》：「山有穴曰岫。」古人以爲雲由岫出。岫，音ㄒㄧㄡˋ。

㊱ **景翳翳**　謂日光漸漸昏暗。景，日光，音ㄧㄥˇ。翳翳，漸陰暗貌，音ㄧˋ ㄧˋ。

㊲ **撫孤松而盤桓**　撫，攀也。孤松，自況其孤傲之本性。盤桓，徘徊不進也。

㊳ **駕言**　駕，乘車也，言，助詞，無義。《詩・邶風・泉水》：「駕言出遊，以寫我憂。」

㊴ **將有事於西疇**　有事，謂耕作。西疇，先人所遺之田地。按西、先古通用。疇，一井爲疇，音ㄔㄡˊ。

㊵ **巾車**　車之有幕蓋帷幔者。

㊶ **棹**　同櫂，音ㄓㄠˋ，以槳蕩舟，動詞。

㊷**窈窕以尋壑**　窈窕，深遠貌，音ㄧㄠˇ ㄊㄧㄠˇ，疊韻聯綿詞。壑，澗水，音ㄏㄜˋ。

㊸**崎嶇**　不平貌，音ㄑㄧˊ ㄑㄩ，雙聲聯綿詞。

㊹**木欣欣以向榮**　謂樹木茂盛，生意蓬勃。欣欣，生意蓬勃貌。榮，茂盛也。

㊺**涓涓**　水細流不絕貌。涓，音ㄐㄩㄢ。

㊻**行休**　行其當行，休其當休。行，指昔日之出仕；休，指今日之歸隱。

㊼**寓形宇內**　猶言生存於天地間。寓形，寄託身體、生命。宇內，猶言天下。

㊽**曷不委心任去留**　何不委棄名利之心，順乎自然，應時而生，順理而死，則生我何樂，死我何懼。曷，何也，音ㄏㄜˊ。委，棄置也。去留，指生死。

㊾**遑遑**　不安貌，音ㄏㄨㄤˊ。《後漢書・蘇竟傳》：「仲尼栖栖，墨子遑遑。」

㊿**帝鄉**　上帝所居之仙都也，喻理想世界。

(51)**或植杖而耘耔**　意謂有時拄著拐杖在田中除草培苗。植，立也。耘，除草，音ㄩㄣˊ。耔，壅土培苗，音ㄗˇ。

(52)**登東皋而舒嘯**　皋，水田也，音ㄍㄠ。舒嘯，舒，緩也；嘯，發聲清越而悠長也。

(53)**聊乘化以歸盡**　且順自然變化，以窮此生。聊，且也。乘，順也。

(54)**樂夫天命復奚疑**　語本《易・繫辭》：「樂天知命故不憂。」

秋聲賦

歐陽修

歐陽子①方夜讀書，聞有聲自西南來者。悚然②而聽之，曰：異哉！初淅瀝以蕭颯③，忽奔騰而砰湃④，如波濤夜驚，風雨驟至。其觸於物也，鏦鏦錚錚⑤，金鐵皆鳴；又如赴敵之兵，銜枚⑥疾走，不聞號令，但聞人馬之行聲。余謂童子：「此何聲也？汝出視之。」童子曰：「星月皎潔，明河⑦在天，四無人聲，聲在樹間。」

余曰：「噫嘻悲哉！此秋聲也，胡爲而來哉？蓋夫秋之爲狀也：其色慘淡⑧，煙霏雲斂⑨；其容清明，天高日晶⑩；其氣慄冽⑪，砭⑫人肌骨；其意蕭條⑬，山川寂寥⑭。故其爲聲也，淒淒切切，呼號憤發⑮。豐草綠縟⑯而爭茂，佳木蔥蘢⑰而可悅；草拂之而色變，木遭之而葉脫。其所以摧敗零落者，乃其一氣之餘烈⑱。

夫秋，刑官也⑲，於時爲陰⑳；又兵象㉑也，於行爲金㉒。是謂天地之義氣，常以肅殺而爲心㉓。天之於物，春生秋實，故其在樂也，商聲主西方之音㉔，夷則爲七月之律㉕。商，傷也，物既老而悲傷；夷，戮也，物過盛而當殺。

嗟呼！草木無情，有時飄零。人爲動物，惟物之靈；百憂感其心，萬事勞其形，有動於中，必搖其精。而況思其力之所不及，憂其智之所不能，宜其渥然㉖丹者爲槁木，黟然黑者爲星星㉗。奈何以非金石之質，欲與草木而爭榮？念誰爲之戕賊㉘，亦何恨乎秋聲！」童子莫對，垂頭而睡。但聞四壁蟲聲唧唧㉙，如助余之嘆息。

〔註釋〕

① **歐陽子** 歐陽修自稱。
② **悚然** 驚懼的樣子。
③ **淅瀝以蕭颯** 淅瀝的雨聲，夾雜著呼嘯的風聲。淅瀝，細雨聲。蕭颯，風聲。颯，音ㄙㄚˋ。
④ **砰湃** 即澎湃，波浪沖擊聲。這裡指風聲。

⑤ **鏦鏦錚錚** 金屬撞擊聲。鏦，音ㄘㄨㄥ。錚音ㄓㄥ。

⑥ **銜枚** 枚，小木狀如箸。古代行軍，令士兵口含枚，以防喧嘩，洩漏軍中秘密。

⑦ **明河** 明亮的銀河。

⑧ **慘淡** 秋天草木枯黃，陰暗無色。

⑨ **煙霏雲斂** 煙氣飛散，雲氣消失。

⑩ **日晶** 陽光明亮。

⑪ **慄冽** 即凜冽，寒冷也。音ㄌㄧˋ ㄌㄧㄝˋ。

⑫ **砭** 古代治病的石針，此處作動詞用，針刺之意。音ㄅㄧㄢ。

⑬ **蕭條** 寂寥冷落。

⑭ **寂寥** 寂靜空虛。無聲爲寂，無影曰寥。

⑮ **憤發** 發憤，憤怒。

⑯ **綠縟** 碧綠茂盛。縟，繁盛，音ㄖㄨˋ。

⑰ **蔥蘢** 草木青翠茂盛的樣子。音ㄘㄨㄥ ㄌㄨㄥˊ。

⑱ **餘烈** 剩餘的威力。

⑲ **夫秋刑官也** 秋天是刑官執行刑罰的季節。《周禮》將官職依天地春夏秋冬分爲六官。

因秋有肅殺之氣，所以把刑官分屬於秋。

⑳ **於時爲陰**　古人以陰陽配合四時，春夏分屬於陽，秋冬分屬於陰。

㉑ **兵象**　戰爭的徵兆。

㉒ **於行爲金**　行即金、木、水、火、土五行。春屬木，夏屬火，秋屬金，冬屬水。《漢書・五行志》：「金，西方，萬物既成，殺氣之始也。」

㉓ **以肅殺而爲心**　古人以秋天爲決獄訟、征不義、誅暴慢的時節。

㉔ **商聲主西方之音**　五音中的商音代表西方聲律。按我國古代樂理，分宮、商、角、徵、羽五音。

㉕ **夷則爲七月之律**　十二律的夷則，是七月的聲律。《史記・律書》：「七月，律中夷則。夷則，言陰氣之賊萬物也。」

㉖ **渥然**　潤澤的樣子。音ㄨㄛˋ。

㉗ **黟然黑者爲星星**　黟然，烏黑的樣子。黟，音ㄧˊ。星星，頭髮斑白的樣子。左思〈白髮賦〉：「星星白髮，生于鬢垂。」

㉘ **戕賊**　傷害、摧殘。戕，殺害也，音ㄑㄧㄤˊ。

㉙ **唧唧**　蟲叫聲，音ㄐㄧˊ。

前赤壁賦

蘇軾

壬戌①之秋，七月既望②，蘇子與客泛舟遊於赤壁③之下。清風徐來，水波不興。舉酒屬客④，誦明月之詩，歌窈窕之章⑤。少焉，月出於東山之上，徘徊於斗牛之間⑥。白露橫江，水光接天。縱一葦之所如⑦，凌萬頃之茫然⑧。浩浩乎如馮虛御風⑨，而不知其所止；飄飄乎如遺世⑩獨立，羽化而登仙⑪。

於是飲酒樂甚，扣舷⑫而歌之。歌曰：「桂棹兮蘭槳⑬，擊空明兮泝流光⑭。渺渺⑮兮予懷，望美人⑯兮天一方。」客有吹洞簫⑰者，倚歌而和之，其聲嗚嗚然⑱：如怨、如慕、如泣、如訴；餘音嫋嫋⑲，不絕如縷；舞幽壑之潛蛟⑳，泣孤舟之嫠婦㉑。

蘇子愀然㉒，正襟危坐㉓而問客曰：「何爲其然也？」

客曰：「『月明星稀，烏鵲南飛』㉔，此非曹孟德㉕之詩乎？西望夏口

㉖，東望武昌㉗；山川相繆㉘，鬱乎蒼蒼㉙。此非孟德之困於周郎㉚者乎？方其破荊州，下江陵㉛，順流而東也，舳艫千里，旌旗蔽空㉜，釃酒㉝臨江，橫槊賦詩㉞，固一世之雄也，而今安在哉！況吾與子，漁樵於江渚㉟之上，侶魚蝦而友麋鹿；駕一葉之扁舟㊱，舉匏樽㊲以相屬；寄蜉蝣㊳於天地，渺滄海之一粟。哀吾生之須臾，羨長江之無窮。挾飛仙以遨遊，抱明月而長終㊴；知不可乎驟得㊵，託遺響㊶於悲風。」

蘇子曰：「客亦知夫水與月乎？逝者如斯，而未嘗往也㊷；盈虛者如彼，而卒莫消長也㊸。蓋將自其變者而觀之，則天地曾不能以一瞬；自其不變者而觀之，則物與我皆無盡也。而又何羨乎？且夫天地之間，物各有主。苟非吾之所有，雖一毫而莫取；惟江上之清風，與山間之明月；耳得之而爲聲，目遇之而成色。取之無禁，用之不竭。是造物者之無盡藏也㊹，而吾與子之所共適㊺。」

客喜而笑，洗盞更酌。肴核㊻既盡，杯盤狼藉㊼。相與枕藉㊽乎舟中，不知東方之既白。

〔註釋〕

① **壬戌**　宋神宗元豐五年，歲次壬戌（西元一〇八二年）東坡年四十七。

② **既望**　十六日也。望，月滿也。陰曆月小在十五日，月大在十六日；日在東，月在西，遙遙相望，故曰望。

③ **赤壁**　東坡所遊之赤壁，乃湖北黃岡縣城外之赤鼻磯。孫劉破曹之赤壁，則在湖北嘉魚縣東北江濱。時東坡謫居黃州，與客乘夜泛舟，有感於萬物盛衰消長之理，因作此賦；特借曹、周事發端，非眞以黃州赤壁爲曹、孫戰鬥之地也。

④ **舉酒屬客**　爲客倒酒。屬，同囑，猶勸也，音ㄓㄨˇ。

⑤ **誦明月之詩歌窈窕之章**　明月之詩，指《詩・陳風・月出篇》。窈窕之章，指〈月出篇〉之首章。

⑥ **徘徊於斗牛之間**　徘徊，流連不進貌。斗，北斗星。牛，牽牛星。

⑦ **縱一葦之所如**　縱，放也。一葦，喻小舟。如，往也。

⑧ **茫然**　廣大無邊貌。

⑨ **浩浩乎如馮虛御風**　浩浩乎猶浩浩然，廣大貌。馮虛御風，寄身太空，乘風而行。馮，

同憑。虛，太空。

⑩ **遺世** 猶離開世間。

⑪ **羽化而登仙** 《抱朴子・對俗篇》：「古之得仙者，或身生羽翼，變化飛行。」登仙，成仙也。

⑫ **扣舷** 敲擊船邊以爲歌唱之節拍。舷，船邊，音ㄒㄧㄢˊ。

⑬ **桂棹兮蘭槳** 行船撥水用具，長曰棹，短曰槳。

⑭ **擊空明兮泝流光** 空明，水中之月也。泝，逆水上行，音ㄙㄨˋ。流光，隨波流動之月光。

⑮ **渺渺** 悠遠貌。

⑯ **美人** 指知心人、意中人、或指國君。《楚辭》中常以「美人」喻賢人君子，聖主哲王。

⑰ **洞簫** 樂器名。

⑱ **嗚嗚然** 狀洞簫聲。

⑲ **嫋嫋** 狀簫聲之悠長，音ㄋㄧㄠˇ。

⑳ **舞幽壑之潛蛟** 使潛藏深壑中之蛟龍起舞。幽壑，深谷也。

㉑ **泣孤舟之嫠婦** 使孤舟中之寡婦哭泣。嫠婦，寡婦也。嫠，音ㄌㄧˊ。

㉒ **愀然** 變色貌。愀，音ㄑㄧㄠˇ。

㉓ **正襟危坐** 整理衣襟，直身端坐。危，直也。

㉔ **月明星稀烏鵲南飛** 曹操〈短歌行〉句，作於赤壁，有招降反側，及時立功之意。

㉕ **曹孟德** 曹操，字孟德，東漢沛國譙人。爲人雄武有智略，兼工詩文。

㉖ **夏口** 今湖北漢口。

㉗ **武昌** 今湖北武昌。

㉘ **山川相繆** 山水纏繞。繆，纏繞也，音ㄇㄡˊ。

㉙ **鬱乎蒼蒼** 形容草木青翠茂盛之貌。

㉚ **周郎** 指周瑜。郎，少年男子之稱，瑜字公瑾，廬江舒人，少年統兵，吳中稱爲周郎。

㉛ **破荊州下江陵** 荊州，今湖北襄陽。江陵，今湖北江陵縣。建安十三年，荊州刺史劉表卒，其子琮舉州降操，劉備遂奔江陵，操又進兵江陵，順流東下。

㉜ **舳艫千里旌旗蔽空** 形容軍艦旌旗之多。舳，船尾，音ㄓㄡˊ。艫，船頭，音ㄌㄨˊ。旌，竿上飾有旄牛尾及五彩羽毛之旗，音ㄐㄧㄥ。

㉝ **釃酒** 謂酌酒也。釃，以簁濾酒而去其糟，音ㄙ。

㉞ **橫槊賦詩** 喻文武全才。槊，丈八長矛也，音ㄕㄨㄛˋ。

㉟ **渚** 水中陸地。

㊱ **扁舟** 小船也。扁，音ㄆㄢ。

㊲ **匏樽** 以匏爲樽。匏，葫蘆，音ㄆㄠˊ。

㊳ **蜉蝣** 小蟲名，朝生暮死，壽命極短。

㊴ **挾飛仙以遨遊抱明月而長終** 猶言與飛仙同遊，與明月長存。

㊵ **驟得** 速得也。

㊶ **遺響** 餘音。

㊷ **逝者如斯而未嘗往也** 意謂水雖不斷流逝，而其本體實未嘗變動。如斯，指江水。

㊸ **盈虛者如彼而卒莫消長也** 意謂月亮雖有盈虛圓缺，然終究未嘗增減。如彼，指月。

㊹ **造物者之無盡藏** 謂大自然無窮盡之府庫。造物者，謂創造萬物者，指自然。藏，謂倉庫，音ㄗㄤˋ。

㊺ **適** 悅也、樂也。蘇軾〈赤壁賦〉手稿，適作食。食，即享用、享受之意。

㊻ **肴核** 肴，魚肉類煮熟者之總稱，音ㄧㄠˊ，又讀音ㄒㄧㄠˊ。核，棗梅桃李等果實之有核者。

㊼ **狼藉** 散亂。《通俗篇》引《蘇氏演義》云：「狼藉草而臥，去則滅亂，故凡物之縱橫散亂者，謂之狼藉。」藉，音ㄐㄧˊ。

㊽ **枕藉** 相枕而睡。枕，音ㄓㄣˋ。藉，音ㄐㄧㄝˋ。

後赤壁賦

蘇　軾

是歲十月之望①，步自雪堂②，將歸于臨皋③，二客④從予過黃泥之坂⑤。霜露既降，木葉盡脫，人影在地，仰見明月，顧而樂之，行歌相答。已而⑥歎曰：「有客無酒，有酒無肴；月白風清，如此良夜何？」客曰：「今者薄暮⑦，舉網得魚，巨口細鱗，狀似松江之鱸⑧。顧⑨安所得酒乎？」歸而謀諸⑩婦⑪，婦曰：「我有斗⑫酒，藏之久矣，以待子不時之需！」於是攜酒與魚，復遊於赤壁之下。

江流有聲，斷岸⑬千尺；山高月小，水落石出；曾日月之幾何，而江山不可復識矣！予乃攝衣⑭而上，履巉巖⑮，披蒙茸⑯，踞虎豹⑰，登虬龍⑱，攀栖鶻之危巢⑲，俯馮夷之幽宮⑳；蓋二客不能從焉。劃然長嘯㉑，草木震動，山鳴谷應，風起水湧，予亦悄然㉒而悲，肅然㉓而恐，凜乎㉔其不可留也！反而登舟，放乎中流，聽其所止而休焉。

時夜將半，四顧寂寥㉕。適有孤鶴㉖，橫江東來，翅如車輪，玄裳縞衣㉗，戛然㉘長鳴，掠㉙予舟而西也。須臾客去，予亦就睡。夢一道士，羽衣蹁躚㉚，過臨皋之下，揖予而言曰：「赤壁之遊，樂乎？」問其姓名，俛㉛而不答。嗚呼噫嘻㉜！我知之矣！疇昔㉝之夜，飛鳴而過我者，非子也耶？道士顧笑，予亦驚悟；開戶視之，不見其處。

〔註釋〕

① **望** 指月滿。陰曆小月十五日，大月十六日，日在東，月在西，遙遙相望，故曰望。

② **雪堂** 東坡年四十七，以詩獄貶黃州，寓居臨皋亭，日以困窮，乃請舊營地躬耕，名曰東坡，就東坡築堂，以大雪中爲之，故曰雪堂，並以東坡居士自號。

③ **臨皋** 今黃岡縣南長江濱。

④ **二客** 其一爲楊世昌，四川綿竹武都山道士，字子京，與東坡嘗兩次偕遊赤壁。

⑤ **黃泥之坂** 雪堂與臨皋間之通路。之，助詞。坂通陂，山坡也。

⑥ **已而** 猶既而，旋，不久，屬時間副詞。

⑦**薄暮**　傍晚。薄，近也。

⑧**松江之鱸**　指江蘇松江縣所產四腮鱸。鱸，魚名，味美。

⑨**顧**　猶白話但是、只是、不過，屬連詞。

⑩**諸**　「之於」二字之連讀。用於句末時，爲「之乎」二字之連讀。

⑪**婦**　東坡繼室王夫人，蜀郡眉山青神人。

⑫**斗**　酒器。

⑬**斷岸**　絕壁、絕崖。

⑭**攝衣**　提衣。

⑮**履巉巖**　踐行於險峻岩石。巉巖，險峻岩石。巉，音ㄔㄢˊ。

⑯**披蒙茸**　分開叢草。蒙茸，草卉叢生貌。茸，音ㄖㄨㄥˊ。

⑰**踞虎豹**　蹲坐於形如虎豹之石頭。踞，蹲坐也，音ㄐㄩˋ。

⑱**登虬龍**　攀登形如虬龍屈曲之樹木。《說文通訓定聲》：「龍，雄有角，雌無角。龍子一角者曰蛟，兩角者曰虬，無角者曰螭。」虬，音ㄑㄧㄡˊ，虯之俗字。

⑲**攀栖鶻之危巢**　栖，同棲，休息也，音ㄑㄧ。鶻，又名隼，鷹屬，多築巢於深山高樹間。危，高而險也。

⑳ **俯馮夷之幽宮** 向下探視水神之深宮。馮夷，水神名，即河伯，馮，音ㄆㄧㄥˊ。幽，深也。
㉑ **劃然長嘯** 如刀破物聲，一聲長鳴。劃然，刀破物聲。
㉒ **悄然** 悲秋貌。悄，音ㄑㄧㄠˇ。
㉓ **肅然** 敬畏貌。
㉔ **凜乎** 猶凜然，淒涼貌。
㉕ **寂寥** 寂靜空洞之義。《老子》：「寂兮寥兮，」王注：「寂者無音聲，寥者空無形。」
㉖ **鶴** 鳥名，通稱仙鶴。
㉗ **玄裳縞衣** 鶴體白尾黑，故以玄裳縞衣稱之。玄，黑色。縞，白絹。上曰衣，下曰裳。
㉘ **戛然** 聲音清脆貌。此處形容白鶴之鳴聲。戛，音ㄐㄧㄚˊ。
㉙ **掠** 斜飛而過。如「燕掠平蕪去」，見李頻詩。
㉚ **蹁躚** 盤旋飛行貌，音ㄆㄧㄢˊ ㄒㄧㄢ。
㉛ **俛** 同俯，低頭也，音ㄈㄨˇ。
㉜ **嗚呼噫嘻** 皆感嘆詞。
㉝ **疇昔** 猶往昔、往日。疇，音ㄔㄡˊ。

十三、哀祭類

姚姬傳《古文辭類纂・序目》曰：「哀祭類者，詩有頌，風有〈黃鳥〉、〈二子乘舟〉，皆其原也。楚人之辭至工，後世惟退之、介甫而已」。

按：哀祭類中以祭文爲主，東漢杜篤之〈祭延鐘文〉，爲最早之祭文。祭文有用以追祭古人者，如韓愈〈祭田橫墓文〉。有用以祭親屬者，如韓愈〈祭十二郎文〉。有用以祭師友者，如歐陽修〈祭石曼卿文〉，李翶〈祭吏部韓侍郎文〉。有代機關團體公祭者，如蘇轍代三省〈祭司馬丞相文〉。有自祭者，如陶潛〈自祭文〉。祭文因須宣讀，故以韻語爲多，如陸機〈弔魏武帝文〉。亦有全用散文不叶韻者，如韓愈〈祭十二郎文〉。哀祭類除祭文外，尚有哀辭，用於卑幼夭折不以壽終者，故以哀痛爲主，如班固〈梁氏哀辭〉。亦名悲文者，如蔡邕〈悲溫敘文〉。誄本用以定謚。古者天子崩，則稱天以誄；卿大夫卒，則君誄之。魯哀公誄孔子，有誄無謚；柳下惠之妻誄其夫，爲私誄之始；後世顏延之〈陶徵士誄〉是也。大致先述世系行業，而後致其哀思。哀頌者，用以頌揚死者功德，如東漢張紘〈陶侯哀頌〉。弔文者，用以弔悼古人，如賈誼〈弔屈原文〉，其體裁仿騷賦。唐李華〈弔古戰場文〉，但抒感慨而已。公文中之哀策亦歸此類，如東漢李尤〈和帝哀策〉。祝盟者，亦告祭之文，如漢高祖〈白馬盟辭〉。陸贄〈擬告謝世代宗廟文〉，或告神祇、或告祖宗，皆無哀思。

祭十二郎文

韓　愈

年日月①，季父②愈聞汝喪之七日，乃能銜哀致誠③，使建中遠具時羞之奠④，告汝十二郎之靈：

嗚呼！吾少孤⑤，及長，不省所怙⑥，惟兄嫂是依⑦。中年，兄歿南方⑧，吾與汝俱幼，從嫂歸葬河陽⑨。既又與汝就食江南⑩。零丁⑪孤苦，未嘗一日相離也。吾上有三兄，皆不幸早世⑫。承先人後者，在孫惟汝，在子惟吾；兩世一身⑬，形單影隻。嫂嘗撫汝指吾而言曰：「韓氏兩世，惟此而已！」汝時尤小，當不復記憶；吾時雖能記憶，亦未知其言之悲也。

吾年十九，始來京城。其後四年，而歸視汝；又四年，吾往河陽省墳墓⑭，遇汝從嫂喪⑮來葬。又二年，吾佐董丞相⑯於汴州⑰，汝來省吾；止一歲⑱，請歸取其孥。明年，丞相薨⑲，吾去汴州，汝不果來⑳。是年，吾佐戎徐州㉑，使取汝者始行，吾又罷去，汝又不果來。吾念汝從於東，東亦客也，不可以久；圖久遠者，莫如西歸，將成家而致汝㉒。嗚呼！孰謂㉓汝遽㉔去吾而歿乎？吾與汝俱少年，以爲雖暫相別，終當久與相處，故捨汝而旅食㉕京師，以求斗斛之祿㉖；誠知其如此，雖萬乘之公相㉗，吾不以一日輟汝而就㉘也。

去年，孟東野㉙往，吾書與汝曰：「吾年未四十，而視茫茫㉚，而髮蒼蒼㉛，而齒牙動搖。念諸父㉜與諸兄㉝，皆康彊而早世；如吾之衰者，其㉞能久存乎？吾不可去，汝不肯來，恐旦暮死，而汝抱無涯之戚也！」孰謂少者歿而長者存，彊者夭而病者全乎！嗚呼！其信然邪？其夢邪？其傳之非其眞邪？信也，吾兄之盛德而夭其嗣乎？汝之純明㉟而不克蒙其澤㊱乎？少者、彊者而夭歿，長者、衰者而存全乎？未可以爲信也，夢也，傳之非其眞也，東野之書，耿蘭㊲之報，何爲而在吾側也？嗚呼！其信然矣！吾兄之盛德而夭其嗣矣！汝之純明宜業其家者，不克蒙其澤矣！所謂天者誠難測，而神者誠難明矣！所謂理者不可推，而壽者不可知矣！雖然，吾自今年來，蒼蒼者或化而爲白矣，動搖者或脫而落矣。毛血㊳日益衰，志氣日益微，幾何不從汝而死也。死而有知，其幾何離㊴；其無知，悲不幾時㊵，而不悲者無窮期矣。汝之子㊶始十歲，吾之子㊷始五歲；少而彊者不可保，如此孩提者，又可冀其成立邪！嗚呼哀哉！嗚呼哀哉！

汝去年書云：「比得輭腳病㊸，往往而劇。」吾曰：「是疾也，江南之人，常常有之。」未始以為憂也。嗚呼！其竟以此而殞其生乎？抑別有疾而至斯乎？汝之書，六月十七日也。東野云，汝歿以六月二日；耿蘭之報無月日。蓋東野之使者，不知問家人以月日；如㊹耿蘭之報，不知當言月日。東野與吾書，乃問使者，使者妄稱以應之耳。其然乎？其不然乎？

今吾使建中祭汝，弔汝之孤與汝之乳母。彼有食，可守以待終喪，則待終喪而取以來；如不能守以終喪，則遂取以來。其餘奴婢，並令守汝喪。吾力能改葬，終葬汝於先人之兆㊺，然後惟其所願。

嗚呼！汝病吾不知時，汝歿吾不知日；生不能相養以共居，歿不得撫汝以盡哀；斂㊻不憑其棺，窆㊼不臨其穴。吾行負神明，而使汝夭；不孝不慈，而不得與汝相養以生，相守以死。一在天之涯，一在地之角；生而影不與吾形相依，死而魂不與吾夢相接。吾實為之，其又何尤㊽？彼蒼者天，曷其有極

㊾！自今已往，吾其無意於人世矣！當求數頃之田於伊潁㊿之上，以待餘年，教吾子與汝子，幸其成(51)；長吾女與汝女，待其嫁(52)，如此而已。嗚呼！言有窮而情不可終，汝其知也邪？其不知也邪？嗚呼哀哉！尚饗(53)！

〔註　釋〕

① **年月日**　《文苑英華》作「貞元十九年五月二十六日」。

② **季父**　叔父中之最幼者。古時兄弟以伯仲叔季排行，韓愈上有三兄，故自稱季父。

③ **銜哀致誠**　含著悲哀，盡其誠意。銜，含也。致，盡也。

④ **時羞之奠**　以應時食物作祭品。羞，同饈，食物。奠，音ㄉㄧㄢˋ，此處當名詞用，指祭品。

⑤ **吾少孤**　《孟子・梁惠王》：「幼而無父曰孤。」愈父仲卿卒於大曆五年，時愈方三歲。

⑥ **不省所怙**　猶言不識其父。《詩・小雅・蓼莪》：「無父何怙，無母何恃。」後人因稱喪父為失怙。省，知道、了解，音ㄒㄧㄥˇ。怙，依賴也，音ㄏㄨˋ。

⑦ **惟兄嫂是依**　只有依靠哥哥嫂嫂生活。此句乃「惟依兄嫂」之倒裝句。外動詞與賓語倒裝時，中間加「是」，或「之」字，如《韓詩外傳》：「惟事之恤」。兄，指韓會。嫂，

指鄭夫人。

⑧ **中年兄歿南方** 韓會卒於韶州刺史任內，時年四十二，故曰中年。

⑨ **河陽** 今河南省孟縣。

⑩ **就食江南** 猶言到江南謀生。江南指宣州，今安徽省宣城縣。

⑪ **零丁** 孤單寂寞貌。或作伶丁、伶仃。

⑫ **早世** 早年逝世。

⑬ **兩世一身** 兩代單傳。

⑭ **省墳墓** 探看、祭掃墳墓。省，探看、祭掃也，音ㄒㄧㄥˇ。

⑮ **嫂喪** 指十二郎母鄭夫人之喪器。喪器，即靈柩。

⑯ **董丞相** 即董晉，曾任宰相五年。貞元十二年（西元七九六年）董晉出任宣武軍節度使，汴州刺史，舉韓愈爲觀察推官。

⑰ **汴州** 今河南省開封縣。

⑱ **止一歲** 停留、居住一年。

⑲ **丞相薨** 古時公侯死稱薨，音ㄏㄨㄥ。貞元十五年（西元七九九年）二月，董晉病卒。

⑳ **汝不果來** 你不能來。果，能也。一說果，終，竟也。

㉑ **佐戎徐州**　佐戎，助理軍務。汴軍亂，愈往徐州依武寧軍節度使張建封，建封薦爲節度推官。

㉒ **將成家而致汝**　將成立家業，招致你同來居住。致，招致也。

㉓ **孰謂**　誰知道、誰想到。

㉔ **遽**　猶突然、驟然，音ㄐㄩˋ。

㉕ **旅食**　猶就食、寄食。

㉖ **斗斛之祿**　猶升斗之祿，形容薪俸之微薄。斛，十斗，音ㄏㄨˊ。

㉗ **萬乘公相**　指擁有萬乘車馬之大官員。古時一車四馬爲一乘。

㉘ **輟汝而就**　離開你去就任官職。輟，停止；即停止見你，離開你之意。

㉙ **孟東野**　孟郊，字東野，唐代詩人，爲愈之友。

㉚ **茫茫**　視不明貌。

㉛ **蒼蒼**　灰白色。

㉜ **諸父**　伯父、叔父也。愈父仲卿，另有叔父三人：少卿、雲卿、紳卿。

㉝ **諸兄**　愈之兄有會、介、弇三人。

㉞ **其**　猶豈。

㉟ **純明** 指德性之純潔清明。

㊱ **不克蒙其澤** 不能承受其父之福澤。克，能也。澤，恩惠。

㊲ **耿蘭** 僕人名。

㊳ **毛血** 猶言體力。毛，毛髮。血，血氣。

㊴ **死而有知其幾何離** 而，猶如、若、倘，假設連詞。其，猶則，相當白話「那麼」。

㊵ **其無知悲不幾時** 其，猶若，假設連詞。

㊶ **汝之子** 老成有二子：長曰湘，次曰滂。此指湘。

㊷ **吾之子** 韓愈子名昶。

㊸ **比得輭腳病** 比，近來也，音ㄅㄧˋ。輭腳病，因缺乏維他命B而引起之腳腿浮腫病。

㊹ **如** 猶而也。

㊺ **兆** 墳墓周圍之地。

㊻ **斂** 同殮，音ㄌㄧㄢˋ，爲死者易服入棺。

㊼ **窆** 將棺木下葬於墓穴，音ㄅㄧㄢˇ。

㊽ **尤** 怨恨。

㊾ **曷其有極** 哀痛何時能夠終了。曷，何時。極，盡也。一說哀痛苦難何至此極。

㊿ **伊潁** 二水名。伊水源出河南省盧氏縣東南，流入洛水。潁水源出河南省登封縣西境潁谷，東南注入淮水。

51 **敎吾子與汝子幸其成** 十二郎長子湘，長慶三年成進士。愈子昶，長慶四年成進士。

52 **長吾女與汝女待其嫁** 十二郎女兒無所聞。韓愈有二女：一嫁古文家李漢，一嫁蔣係，官至右僕射。

53 **尙饗** 希望享食祭品。此爲祭文結尾之習慣用語。尙，希望。饗，享食。

祭石曼卿文

歐陽修

惟①治平四年②七月日，具官③歐陽修，謹遣尚書都省令史④李敭至于太清⑤，以清酌⑥庶羞⑦之奠⑧，致祭于亡友曼卿之墓下，而弔之以文曰：

嗚呼！曼卿！生而爲英⑨，死而爲靈⑩。其同乎萬物生死，而復歸於無物者，暫聚之形；不與萬物共盡，而卓然⑪其不朽者，後世之名。此自古聖賢，莫不皆然。而著在簡冊⑫者，昭如日星。

嗚呼！曼卿！吾不見子久矣，猶能髣髴⑬子之平生。其軒昂磊落⑭，突兀崢嶸⑮，而埋藏於地下者，意其不化爲朽壤，而爲金玉之精。不然，生長松之千尺，產靈芝而九莖⑯。奈何荒煙野蔓，荊棘⑰縱横，風淒露下，走燐飛螢；但見牧童樵叟⑱，歌唫而上下，與夫驚禽駭獸，悲鳴躑躅而咿嚶⑲！今固如此，更千秋而萬歲兮，安知其不穴藏狐貉⑳與鼯鼪㉑？此自古聖賢亦皆然兮，獨不見夫纍纍乎㉒曠野與荒城！

嗚呼！曼卿！盛衰之理，吾固知其如此，而感念疇昔㉓，悲涼悽愴㉔，不覺臨風而隕涕者，有媿乎太上之忘情㉕。尚饗㉖！

〔註　釋〕

①**惟**　發語詞，又名發聲詞。

②**治平四年**　治平，宋英宗年號，四年，西元一〇六七年。

③**具官**　舊稱備具官爵履歷者。治平四年，作者除觀文殿學士，轉刑部尚書，知亳州。

④**尚書都省令史**　尚書省，古官署名，置左右僕射，下統六部。令史，主文書之官。

⑤**太清**　地名，位於今河南省東部。石曼卿之先塋在此。

⑥**清酌**　酒之別稱，亦爲祭祀用酒之專稱。

⑦**庶羞**　猶言各種美味。肴美曰羞，品多曰庶。

⑧**奠**　置酒食而祭也，音ㄉㄧㄢˋ。

⑨**英**　《淮南子・泰族》：「智過萬人者謂之英。」

⑩**靈**　神靈也。

⑪ **卓然**　特異出衆貌。

⑫ **簡冊**　猶言書籍。古時無紙，連編竹簡成冊以紀事，謂之簡冊。

⑬ **髣髴**　依稀貌，見不審貌。音ㄈㄤˇ ㄈㄨˊ。

⑭ **軒昂磊落**　軒昂，意態不凡貌。磊落，儀容俊偉也，一說胸懷坦白也。磊，音ㄌㄟˇ。

⑮ **突兀崢嶸**　突兀，高出貌。崢嶸，高峻貌，音ㄓㄥ ㄖㄨㄥˊ。

⑯ **產靈芝而九莖**　靈芝爲紫芝之異名，古人以爲長生不死之藥。《漢書・武帝紀》：「元封二年，甘泉宮產芝九莖。」

⑰ **荊棘**　荊，楚木也。棘，酸棗之樹也。

⑱ **樵叟**　斫柴之老人。叟，音ㄙㄡˇ。

⑲ **悲鳴躑躅而咿嚶**　躑躅，行不進貌，音ㄓˊ ㄓㄨˊ。與踟躕同。咿嚶，鳥獸聲，音ㄧ ㄧㄥ。《埤雅》引《禽經》：「雞鳴咿咿，鶯鳴嚶嚶。」晁補之〈豆葉黃詩〉：「豕豚啼咿咿。」

⑳ **狐貉**　狐，形似犬而瘦。貉，形似狸，音ㄏㄜˊ。

㉑ **鼯鼪**　鼯，形似松鼠，音ㄨˊ。鼪，即鼬，一名黃鼠狼，音ㄕㄥ。

㉒ **纍纍乎**　相連不絕貌。乎，猶然。

㉓**疇昔**　謂前日也。《禮記・檀弓》：「予疇昔之夜。」鄭注：「疇，發聲也。昔，猶前也。」

㉔**悽愴**　悲傷也，音ㄑㄧ　ㄔㄨㄤˋ。《禮・祭義》：「霜露既降，若子履之，必有悽愴之心。」

㉕**太上之忘情**　上聖之人能忘懷喜怒哀樂之情。太上，謂人之最上者，上聖之人也。

㉖**尙饗**　希望鬼神享食祭品，祭文結尾習慣用語。尙，希望。饗，享食也。

祭歐陽文忠公文

蘇 軾

嗚呼哀哉！公之生於世六十有六年，民有父母①，國有蓍龜②，斯文有傳③，學者有師④；君子有所恃而不恐，小人有所畏而不爲。譬如大川喬嶽⑤，雖不見其運動，而功利之及於物者，蓋不可數計而周知。

今公之沒也，赤子⑥無所仰庇⑦，朝廷無所稽疑⑧；斯文化爲異端⑨，而學者至於用夷⑩；君子以爲無與爲善，而小人沛然⑪自以爲得時。譬如深山大澤，龍亡而虎逝，則變怪雜出，舞鰌鱓⑫而號狐狸。

昔公之未用也，天下以爲病；而其既用也，則又以爲遲⑬。及其釋位而去⑭也，莫不冀其復用；至其請老而歸⑮也，莫不惆悵⑯失望，而猶庶幾⑰於萬一者，幸公之未衰。孰謂公無復有意於斯世也，奄⑱一去而莫予追。豈厭世之溷濁⑲，潔身而逝乎？將民之無祿⑳，而天莫之遺？

昔我先君㉑，懷寶遁世㉒，非公則莫能致；而不肖㉓無狀㉔，因緣㉕出入，受教於門下㉖者十有六年於茲。聞公之喪，義當匍匐往弔㉗，而懷祿不去㉘，愧古人以忸怩㉙，緘辭㉚千里，以寓一哀而已矣；蓋上以為天下慟㉛，而下以哭吾私！

〔註釋〕

① **民有父母** 歐公為官能愛民如子，故人民敬之如父母。《詩・小雅・南山有臺》：「樂只君子，民之父母。」

② **國有蓍龜** 歐公見解卓越，國有大事，每問詢之，有如龜蓍，可解疑惑。蓍，蓍草；龜，龜甲，古人用以卜卦決疑。

③ **斯文有傳** 斯文，指古聖先賢之道德文章。傳，得人傳播也。《論語・子罕》：「天之將喪斯文也。」

④ **學者有師** 歐公提倡古文，天下學者莫不師法之。曾鞏、王安石、蘇軾、蘇轍等皆出其門下。

⑤ **喬嶽** 高山。

⑥ **赤子** 喻人民。《書・康誥》：「如保赤子。」

⑦ **仰庇** 仰望庇護。庇，ㄅㄧˋ。

⑧ **稽疑** 查考疑難。稽，考也。

⑨ **異端** 凡背於正道之學說曰異端。《論語・爲政》：「攻乎異端，斯害也已。」

⑩ **用夷** 夷，指外國傳入之佛教。《孟子・滕文公》：「吾聞用夏變夷者，未聞變於夷者也。」用夷，指用夷變夏。

⑪ **沛然** 自恣縱貌。

⑫ **鰌鱓** 即鰍鱔。鰌，音ㄑㄡ。鱓，音ㄕㄢˋ。

⑬ **其既用也則又以爲遲** 仁宗嘉祐五年（西元一〇六〇年）歐公始任樞密副使。六年轉參知政事，爲副相，時年已五十七，故曰以爲遲。

⑭ **釋位而去** 英宗治平四年（西元一〇六七年）歐公罷參知政事，出知亳州（今安徽亳縣）。

⑮ **請老而歸** 神宗熙寧四年，歐公以觀文殿學士退休，歸穎川，時年已六十五，故曰請老而歸。請老，因年老而辭職也。

⑯ **惆悵** 失意憂愁貌，音ㄔㄡˊ ㄔㄤˋ。

⑰ **庶幾** 希望，有時單用「庶」，如諸葛亮〈出師表〉：「庶竭駑鈍。」

⑱ **奄** 忽然，音ㄧㄢˇ。

⑲ **溷濁** 混亂污濁。溷，音ㄏㄨㄣˋ。

⑳ **將民之無祿** 將，猶白話「或是」。無祿，無福。

㉑ **先君** 指東坡之父洵。稱已故之父親曰先君。

㉒ **懷寶遁世** 謂懷藏才德，不拯救國家之迷亂也。寶，喻人之才德。遁世，隱退而不出世。

㉓ **不肖** 不才、不賢。《說文》：「肖，骨肉相似也，不似其先，故曰不肖。」《孟子・萬章》：「丹朱之不肖，舜之子亦不肖。」

㉔ **無狀** 無善狀也，亦不肖之意。《漢書・賈誼傳》：「自傷為傅無狀。」

㉕ **因緣** 猶言機會、機緣。「因」字他本作「夤」。夤緣，攀附上升之意。

㉖ **受教於門下** 嘉祐二年（西元一〇五七年），歐公典試禮部，取軾為第二名，故軾自稱門下。

㉗ **匍匐往弔** 言急迫前往弔喪也。匍匐，音ㄆㄨˊ ㄈㄨˊ，手足並用伏地而行，言急迫之至也。弔，安慰死者家屬。

㉘ **懷祿不去** 貪懷祿位不去弔喪。古之為官者，不得任意擅離職守，故東坡不能前往弔喪，

事非得已。

㉙ **忸怩** 羞慚貌，音ㄋㄧㄡˇ ㄋㄧˊ。

㉚ **緘辭** 封寄祭辭。

㉛ **慟** 大哭也，音ㄊㄨㄥˋ。

祭歐陽文忠公文

王安石

夫事有人力之可致，猶不可期，況乎天理之溟漠①，又安可得而推？惟公生有聞②於當時，死有傳於後世，苟能如此足矣，而亦又何悲？

如公器質③之深厚，智識④之高遠，而輔學術之精微⑤，故充於文章，見於議論，豪健俊偉，怪巧瑰琦⑥。其積於中者，浩如江河之停蓄⑦；其發於外者，爛如日星之光輝。其清音幽韻，淒如飄風急雨之驟至；其雄辭閎辯⑧，快如輕車駿馬之奔馳。世之學者，無問乎識與不識，而讀其文，則其人可知。

嗚呼！自公仕宦⑨四十年，上下往復⑩，感世路之崎嶇⑪；雖屯邅⑫困躓⑬，竄斥⑭流離⑮，而終不可掩者，以其公議之是非，既壓復起，遂顯於世。果敢之氣，剛正之節，至晚而不衰。

方仁宗皇帝臨朝⑯之末年，顧念後事⑰，謂如公者，可寄以社稷⑱之安危。及夫發謀決策，從容指顧⑲，立定大計，謂千載而一時。功名成就，不居而去，其出處進退⑳，又庶乎英魄靈氣㉑，不隨異物㉒腐敗，而長在乎箕山㉓之側與潁水㉔之湄。然天下之無賢不肖，且猶爲涕泣而欷歔㉕，而況朝士大夫，平昔遊從，又予心之所嚮慕而瞻依㉖？

嗚呼！盛衰興廢之理，自古如此，而臨風想望，不能忘情㉗者，念公之不可復見，而其誰與歸㉘？

〔註釋〕

① **溟漠** 渺茫，幽暗不明。

② **聞** 聲望，音ㄨㄣˋ。

③ **器質** 器量、才質。

④ **智識** 智慧見識。

⑤ **精微** 精粹深微。

⑥ **瑰琦** 美好奇特。

⑦ **停蓄** 涵養之深。

⑧ **閎辯** 內容博大的議論。

⑨ **仕宦** 做官。

⑩ **上下往復** 上下，指官位之升降。往復，指任職中央或外放當地方官。

⑪ **崎嶇** 山路不平。比喻世路之艱難。音ㄑㄧˊ ㄑㄩ。

⑫ **屯邅** 處境艱困。音ㄓㄨㄣ ㄓㄢ。

⑬ **困躓** 受挫折失敗。躓，跌倒，音ㄓˋ。

⑭ **竄斥** 貶官、放逐。

⑮ **流離** 離散。

⑯ **臨朝** 國君親臨朝廷處理政事。

⑰ **後事** 死後之事。指宋仁宗立皇太子繼承皇位之事。

⑱ **社稷** 國家之代稱。社是土神，稷是穀神。古代帝王、諸侯必立社稷之神，社稷隨國家而存亡，故以社稷爲國家之代稱。

⑲ **指顧** 手指目視，比喻行動迅速。

⑳ **出處進退** 做官和隱退。

㉑ **英魄靈氣** 稱美死者的靈魂和精神。

㉒ **異物** 指屍體。

㉓ **箕山** 在今河南省登封縣東南。

㉔ **潁水** 源出河南登封縣的潁谷。歐陽修晚年退隱潁州，葬於新鄭縣，其墓近於箕山、潁水。相傳堯帝時的隱士許由就住在潁水之南的箕山下，後人因稱箕山、潁水為隱士所住的地方。

㉕ **欷歔** 哀嘆悲泣，音ㄒㄧ ㄒㄩ。

㉖ **瞻依** 尊敬歸依。

㉗ **忘情** 對於喜怒哀樂的感情淡忘，無動於衷。

㉘ **其誰與歸** 猶「其歸誰歟？」。歸，歸向、歸依，有敬仰、尊崇的意思。與同歟，語末助詞，意同白話「呢」。